本书由渭南师范学院优秀学术出版基金资助出版

唐光海 ◎ 著

电子商务下
物流服务竞争优势研究

RESEARCH ON COMPETITIVE ADVANTAGE OF
LOGISTICS SERVICE UNDER E-COMMERCE

中国社会科学出版社

图书在版编目(CIP)数据

电子商务下物流服务竞争优势研究／唐光海著.—北京：中国
社会科学出版社，2017.12
ISBN 978 - 7 - 5203 - 0607 - 2

Ⅰ.①电…　Ⅱ.①唐…　Ⅲ.①电子商务－物流管理－研究
Ⅳ.①F713.36②F252.1

中国版本图书馆 CIP 数据核字(2017)第 149045 号

出 版 人	赵剑英
责任编辑	任　明
责任校对	郝阳洋
责任印制	李寡寡

出　　版	中国社会科学出版社
社　　址	北京鼓楼西大街甲 158 号
邮　　编	100720
网　　址	http：//www.csspw.cn
发 行 部	010 - 84083685
门 市 部	010 - 84029450
经　　销	新华书店及其他书店

印刷装订	北京君升印刷有限公司
版　　次	2017 年 12 月第 1 版
印　　次	2017 年 12 月第 1 次印刷

开　　本	710×1000　1/16
印　　张	13.25
插　　页	2
字　　数	171 千字
定　　价	75.00 元

序　言

当今世界，以计算机技术发展与使用为中心的电子、信息革命，目前正处于加速阶段，造就了世界经济发展的主要增长点。信息技术的发展和基于互联网的商业模式创新为电子商务的蓬勃发展创造了条件。电子商务革命就是这场电子、信息革命在经济领域的重要表现形式，它正在改变人们的商务活动、行为标准和经济规律。同时，全球经济一体化的趋势加强，各国企业都面临着前所未有的机遇和挑战。现今的许多产品，虽然产自全球各地，对顾客而言却已是均匀、无差别的。在目前的环境中，难以保持通过降价、改进产品、减少设计周期等产生的细微竞争优势。物流服务被广泛认为是企业在降低物资消耗、提高劳动生产率以外重要的"第三利润源泉"。在电子商务的时代背景下，物流服务已成为企业发展的瓶颈。物流服务是创造差异、提高附加服务，使企业获得竞争优势的重要渠道，越来越多的企业都将物流服务战略作为其增强竞争优势的战略选择之一。本书基于电子商务的经济背景，以企业竞争优势为着眼点，研究电子商务条件下基于物流服务的竞争优势。

在借鉴国内外研究成果的基础上，综合运用经济学、管理学的研究方法和工具，采用定性研究和定量分析相结合、理论分析与实证分析相结合等研究方法，对物流服务的顾客满意进行研究，主要研究内容和创新有以下几个方面。

第一，从电子商务蕴含新的经济规律、推动产业融合、促进企业变革三方面分析基于电子商务的经济变革，并分析了电子商务条件下基于物流服务的竞争优势构建的现实基础。

第二，基于电子商务条件下企业竞争价值链向价值网的发展与变化，在继承传统竞争优势理论的基础上，挖掘物流服务成本领先和差异化的杠杆作用，形成基于物流服务的竞争优势理论框架。

第三，通过运用结构方程模型，考察电子商务中物流服务质量的顾客满意度与消费者后续消费行为的关系，通过数据检验发现物流服务质量带来的顾客满意是电子商务中作为竞争优势形成指标的顾客忠诚最重要的影响因素，物流服务的关键是物流交付的高质量，即准确、完好、快速地交付；网络消费对物流信息质量、网络沟通、物流人员素质也提出了更高的要求；另外，网络零售商和物流企业需要共同维护好物流企业形象并联合降低物流费用。

第四，采用层次分析法（AHP）和模糊评价方法，通过建立支撑网络零售的物流服务顾客满意度评价指标体系，对我国网络零售下的物流服务进行评价。通过实证分析发现：我国现阶段网络零售下的物流服务顾客满意度总体不高，在物流速度、可靠性、企业形象、价格、信息化能力、人员素质、完整性方面还有较大的发展空间，同时这些方面也是影响顾客满意度的重要因素。并据此提出电子商务下企业提高物流服务质量，增强企业竞争优势的对策建议。

本书的完成首先要感谢西安交通大学经济与金融学院李琪教授、闵宗陶教授、文启湘教授和陕西师范大学马耀峰教授，是他们的指导、帮助和鼓励，使得本书得以顺利进行；还要感谢家人的支持和鼓励；感谢协助调研的每一位同学、网友；感谢本书所参考的文献的作者，他们的研究成果给了本书极大的帮助和启发；感谢中国社会科学出版社的认真、负责工作和大力支持，使本书得以顺利、如期出版。

　　由于我的知识与水平有限，书中存在不当甚至是错误之处在所难免，在此表示歉意，希望同行和读者批评指正。

唐光海

2017 年 3 月 20 日

目　　录

第一章　绪论

第一节　研究背景

一　电子商务全面快速发展

信息技术的发展和基于互联网的商业模式创新为电子商务的蓬勃发展创造了条件，电子商务交易规模剧增，电子商务产业茁壮成长。我国电子商务行业，由最初的 1997 年只有为数不多的几家电子商务服务商，发展到如今电子商务"遍地开花、百花齐放"的局面，电子商务经历了"几何级"的增长。受国际金融形势影响，中国经济增长连续多年回落。但是，金融危机使消费者对价格的敏感度提高，反而使网络购物所具有的价格优势成为吸引用户的重要砝码，成为电子商务发展的一定助推。中国电子商务报告（2016）显示：2016 年，中国电子商务交易额达到 26.1 万亿元，同比增长 19.8%，网络零售市场交易规模 5.16 万亿元，同比增长 26.2%，占社会消费零售总额的14.9%。可见，今天电子商务正成为经济发展的"助推器"。

与传统贸易方式相比，电子商务具有交易成本低、交易效率高、交易覆盖广、交易协调性强、交易透明度高等一系列明显的交易优势。利用遍及全球的互联网这一独特平台，电子商务突破了传统的时空观念，缩小了生产、流通、分配、消费之间的距离，大大提高了物流、资金流和信息流的有效传输和处理，开辟了世界范围内更为公平、公正、广泛、竞争的大市场，为制造者、销售者和消费者提供了能更好地满足各自需求的极好的机会[1][2]。在迅速发展的同时，电子商务行业优胜劣汰步伐加快，电子商务模式、产品、服务等创新层出不穷，电子商务的应用范围不断拓展，向行业的渗透逐步显现。电子商务服务领域已经从过去的批发零售为主，向批发零售服务、制造业、住宿、餐饮、物流、运输等十多个领域扩展。一些大型企业电子商务正在从网上采购与销售向网上设计与制造、供应链管理等全方位发展。从整体市场来看，行业中的巨头服务商纷纷涉足不同的交易模式，从而进一步打破了 B2B、B2C 和 C2C 之间的界限，让融合成为电子商务市场的主旋律。

发展电子商务在应对金融危机、加快产业振兴、促进中小企业的发展、带动内需和就业方面的作用，已为专家学者和有关政府部门充分认识。

二 电子商务提出物流服务新要求

随着现代科学技术的迅猛发展，全球经济一体化的趋势加强，各国都面临着前所未有的机遇和挑战。现代物流作为一种先进的组织方式和管理技术，被广泛认为是企业在降低物资消耗、提高劳动生产率以外的第三利润源泉，在国民经济和社会发展中发挥着重要作用。物流的总体功能是实现商品实体由供方到需方的时空上的转移。在电子商务发展的时代背景下，物流已成为电子商务发展的瓶颈。电子商务对物流提出了现代化、信息化、高效化的时代要求。

---

① 中国 B2B 研究中心：《2012 年全球网民超 19 亿 B2B 交易额近 13 万亿美元》，本文转载自中国电子商务研究中心（http：//b2b. toocle. com/detail‐3419141. html）。

② 艾瑞咨询集团：《2008—2009 年中国 B2B 电子商务行业发展报告简版》（ht-tp：//www. iresearch. com. cn /html/Consulting/B2B/Free_ id_ 1297. html. 2009‐08‐17）。

（一）物流服务理念现代化

电子商务的发展，对物流的概念提出新的内涵。在传统物流体系下，物流往往被肢解为几个分散独立的互不相干的环节。而物流实际上是一个综合服务业，其综合服务能力表现为：一是物流各环节的服务能力；二是各种物流资源的整合能力；三是综合物流代理商的经营能力；四是供应链管理能力。所以在服务理念上，不仅要重视商流服务，更要重视物流服务；不仅要重视各环节服务，更要重视综合服务①。

（二）物流服务一体化

物流是一项系统工程。物流系统是由运输、包装、装卸、存储、管理等众多子系统组成的多目标函数、动态的、庞大的、人机结合的复杂系统。对于这样一个系统工程，只有通过集中度较高、诸多功能协调较好、各行业相互联系的网络化的物流市场的一体化服务，必须打破部门、地区、行业互相分割的局面，实现相互合作、相互负责，共建现代化、市场化、产业化的物流产业。各环节（行业）紧密结合，为供需双方提供合理的链条式的"一条龙"服务，才能提高物流效率。

（三）物流服务信息化

电子商务要求物流系统具有强大的信息收集、处理以及传输能力：能及时收集、整理、反馈货物市场商品的供应状况及发展态势；能将收集的信息数据库化和代码化以及数字化；能保证物流信息传递标准化和适时化。这就要求物流企业拥有全球定位系统、电子订货系统、地理信息系统等，并能熟练运用条码技术、电子资料交换技术、互联网技术等。

（四）物流服务的个性化

电子商务的一个特殊功能就是"定制服务"，实现"定制

---

① 中国 B2B 研究中心：《1997—2009 中国电子商务十二年调查报告》（http：//b2b. toocle. com/zt /1997/）。

服务"的前提条件是销售和物流的柔性化。它要求物流系统能够根据用户"多品种、多批次、多流向、多方位、多价位、多周期"的不同服务价格、不同服务方式,进行个性化物流服务。

（五）物流服务标准化

现代市场交易与流通是建立在标准化基础上的。商品质量有标准,商品市场准入有标准,商品标识有标准,商品交易方式有标准,商品包装有标准,商品保存有标准,商品装卸有标准,商品运输有标准……物流企业在服务过程中要保证每个环节都能按照标准进行服务。

（六）物流服务代理化

综合物流代理是现代物流的模式之一。这种模式是指由一家代理公司负责电子商务交易中供求双方实现商品使用权（实物或实体）转移的全部物流业务活动。由于代理公司在服务经验、服务能力、服务理念、服务成本上的优势,能保证整个物流的优质、高效,从而不仅使供需双方摆脱了烦琐的多方委托的物流业务,还可以有效地降低生产和消费成本。

（七）物流服务的高效化

电子商务的交易方式,使商流的时空距离大大缩短,进而要求物流时空距离也要大大缩短。这就对商品流通的范围（空间）和速度（时间）提出极限挑战。从而对商品在较大范围内实现快捷、准确、及时、低成本的流通不断提出新的要求,不断挑战极限,不断追求高效。

三　物流服务成为重要竞争资源

物流服务是企业获得竞争优势的重要渠道,越来越多的企业（特别是跨国公司）在研究如何增强竞争优势时都将物流战略作为其战略选择之一。许多在全球市场竞争中的公司在降价

（Day George，1994[①]）、改进产品（Innis，Daniel，Bernard La-
Londe，1994[②]）、减少设计周期（J. Michael，1999[③]），却发现
这些战略很快被竞争者复制了（Porter，1985[④]），公司在积极寻
找建立持续市场优势的方法。在 20 世纪 80 年代，很多企业致
力于产品设计、内部管理的质量进步以取得竞争优势[⑤]，然而今
天，企业组织已经着眼于保有配送顾客价值的竞争力[⑥]。

　　在目前的环境中，难以保持产品、升级或价格的改变所产
生的细微优势。现今的许多产品，虽然产自全球各地，对顾客
而言却已是均匀、无差别的[⑦]。企业缩短技术周期，努力创造或
维持市场差异，却发现产品变化迅速被竞争者的柜台所知悉。同
样，升级和价格也可以迅速被复制。目前，市场战略的一个特殊
挑战是决定如何提升顾客感觉同质的产品。既然许多公司在产
品、升级、价格上的任何改变只能暂时作用于市场，获取持续竞
争优势的方法或许并不在于公司的产品、升级、价格战略，而在
于提高附加服务，比如物流[⑧]，基于此，物流已经被认为是战略
"战场……代替制造、市场和质量作为顶层管理者的焦点"[⑨]。现

---

①　Day George，"The Capabilities of Market-Driven Organizations"，*Journal of Market-ing*，Vol. 58，No. 4，June 1994，pp. 37 – 60.

②　Innis，Daniel and Bernard LaLonde，"Customer Service：The Key to Customer Satisfaction，Customer Loyalty and Market Share"，*Journal of Business Logistics*，Vol. 15，No. 1，1994，pp. 1 – 27.

③　J. Stahl Michael（ed.），*Perspectives in Total Quality*，Boston：Blackwell Publishers，1999，p. 213.

④　［美］迈克尔·波特：《竞争战略》，陈丽芳译，中信出版社 2014 年版，第 15 页。

⑤　J. Stahl Michael（ed.），*Perspectives in Total Quality*，Boston：Blackwell Publish-ers. 1999，p. 213.

⑥　［美］迈克尔·波特：《竞争战略》，陈丽芳译，中信出版社 2014 年版，第 15 页。

⑦　Woodruff，Robert and Sarah F. Gardial，*Know Your Customer：New Approaches to Un-derstanding Customer Value and Satisfaction*，Cambridge，MA：Blackwell Business，1996.

⑧　Ibid. .

⑨　Theodore P. Stank，Patricia J. Daugherty，Alexander E. Ellinger，*Pulling Customers Closer Through Logistics Service*，Business Horizons，1998，p. 415.

在，许多公司强调把物流能力作为创造差异的一个途径①。这些服务的提高，通过公司基层人员、技术、设备和/或公司战略关系的改变得以实现，很可能产生一个持续的市场中地位优势②。能够创造并保持这种潜在优势的关键的市场战略的专业术语为物流杠杆作用③。"物流杠杆作用"在这里界定为，通过一个创造顾客感知价值的成功的市场战略，实现卓有成效的，基层组织为基础的物流行为。这样，物流杠杆作用意味着，顾客认为重要的附加服务带给公司的一种持续的"潜在优势"，而且它要求公司基层组织的改变，这是竞争者不能轻易配比的。

四　研究现状与研究问题的提出

（一）国内外研究现状

随着电子商务实践的不断深入与发展，国内外有关电子商务的研究日益深入并取得了丰富成果，主要集中在电子商务技术与安全④⑤⑥⑦、电子商务信任⑧⑨、电子商务物流⑩⑪⑫、电子商

---

① Theodore P. Stank, Patricia J. Daugherty, Alexander E. Ellinger, *Pulling Customers Closer Through Logistics Service*, Business Horizons, 1998, p. 415.

② Woods, Lamont, "The Myths and Realities of Customer Service", *Electronic Business*, Vol. 17, 1991, pp. 156 – 158.

③ Day George and Robin Wensley, Assessing Advantage: A Framework for Diagnosing Competitive Superiority, *Journal of Marketing*, Vol. 52, No. 2, 1988, pp. 1 – 19.

④ J. Bowersox Donald, John T. Mentzer and W. Thomas, Speh, Logistics Leverage, *Journal of Business Strategies*, Vol. 12 (Spring), 1995, pp. 36 – 49.

⑤ 郭涛:《电子商务安全支付系统综述》,《计算机应用研究》2003 年第 1 期。

⑥ 汪勇、熊前兴:《电子商务技术发展综述》,《武汉科技大学学报》2005 年第 12 期。

⑦ 祁明:《电子商务实用教程》, 高等教育出版社 2000 年版, 第 58 页。

⑧ 王小宁等:《信任影响因素对消费者网络购物行为的影响: 学生与职员的视角》,《消费经济》2009 年第 12 期。

⑨ 金镇、张继兰:《电子商务信用体系研究》,《情报杂志》2005 年第 12 期。

⑩ 李靖、易建湘:《电子商务在中国》, 中国经济出版社 2001 年版, 第 5 页。

⑪ 杨聚平、杨长春、姚宣霞:《电商物流中"最后一公里"问题研究》,《商业经济与管理》2014 年第 4 期。

⑫ 饶绍伦:《电子商务物流体系优化研究》,《物流技术》2014 年第 1 期。

务模式①、电子商务消费心理与行为②③，电子商务法律④⑤等方
面的研究，以及金融、医药、农业、旅游、汽车等行业电子商
务研究。物流服务问题一直是近年来国内外研究热点之一。国
外研究侧重物流服务的杠杆作用、物流服务质量的界定与测量，
并通过实证表明优质的物流服务对企业的利润有显著影响，是
企业保持竞争优势的基础⑥⑦。

　　由于我国物流服务业的发展水平与西方发达国家有很大差
距，国内物流服务理论研究，主要是在引入国外物流服务理论
的基础上，探讨了不同行业、不同角度物流服务质量的要素体
系⑧⑨，而实证分析较少。

　　（二）目前研究的局限与本书研究问题的提出

　　现有研究主要是从电子商务或物流服务本身开展研究，虽
然有的学者研究了电子商务与物流服务之间的关系，但主要研
究了电子商务企业与物流服务提供的关系⑩、物流服务对电子商

---

①　R. Kalakota and Andrew B. Whinston, *Electronic Commerce: A Manager's Guide*, Addison Wesley Longman, Inc. 1997.

②　R. Kalakota, M. Robinson, "e-Business 2.0: Roadmap for Success", *Addison-Wesley*, 2001, pp. 20–21.

③　刘瑛:《浅析电子商务消费心理》,《科技创新与应用》2013 年第 11 期。

④　P. Weill and M. Vitale, "From Place to Space: Migrating 10 Atomic e-Business Models", *Harvard Business School Press*, Vol. 12, 2001.

⑤　[美] 劳顿、特瑞佛:《电子商务:商业、技术和社会》,劳帼龄译,高等教育出版社 2004 年版,第 7—8 页。

⑥　李琪:《中国电子商务》,西南财经大学出版社 1997 年版,第 55—56 页。

⑦　[澳] 戈登·鲍易斯等:《现代商务发展史》,王惠译,中国社会科学出版社 2004 年版,第 5 页。

⑧　方美琪:《电子商务概论》,清华大学出版社 2014 年版,第 3—4 页。

⑨　宋玲:《电子商务——21 世纪的机遇与挑战》,电子工业出版社 2000 年版,第 2—3 页。

⑩　J. B. Barney, "Firm Resource and Sustained Competitive Advantage", *Journal of Management*, Vol. 42, 2003.

务顾客满意的影响①②，以及电子商务中的物流服务战略③④⑤等具体问题。

电子商务发展的速度、广度与深度表明，当今的经济发展已经进入一个以电子商务为背景的新时代。企业生存与发展的技术条件、市场环境都发生了深刻的变革。电子商务背景下，物流服务对企业经营的影响广泛而深入，并且在企业竞争中的地位将愈加重要，形成企业竞争优势的重点也随之从产品、技术向物流服务转移。因此，在电子商务背景下，如何以物流服务为战略核心构建企业竞争优势成为企业经营中面临的现实问题，也是具有重要现实意义的研究课题。

针对现有研究的不足，本书提出了"基于电子商务的物流服务竞争优势研究"这一课题。本书研究的理论基础是电子商务理论、物流服务理论、企业竞争理论和价值网理论，通过对物流服务杠杆作用的分析，借助企业竞争优势理论研究电子商务背景下物流服务竞争优势，实证分析电子商务中物流服务与顾客满意的关系，并对电子商务中物流服务质量进行评价，最后给出构建物流服务竞争优势的对策建议。

---

① 韩超群：《第三方物流服务的顾客满意度研究——基于电子商务情景》，《技术经济与管理研究》2014年第7期。

② 胡萍：《B2C网络购物中物流服务顾客满意度影响因素研究》，《合肥工业大学学报》（社会科学版）2014年第2期。

③ D. Besanko, D. Dranove, et al., *Economics of Strategy*, New York, NY: John Wiley & Sons, 2000.

④ S. G. Bharadwaj, P. R. Varadarajan and J. Fahy, "Sustainable Competitive Advantage Inservice Industries: Aconceptual Model and Research Propositions", *Journal of Marketing*, Vol. 57, 2000.

⑤ 赵晶、朱镇：《企业电子商务战略实施关键因素实证分析》，《清华大学学报》（自然科学版）2006年第12期。

第二节 研究目的与意义

一 研究目的

基于国内外关于电子商务、物流服务以及物流服务质量与竞争优势关系方面的研究成果，综合运用物流服务理论和竞争优势理论，对电子商务背景下的物流服务竞争优势进行研究，研究的主要目标如下：

分析电子商务带来的经济变革，构建基于物流服务的企业竞争优势；

对电子商务中的物流服务质量与顾客满意的关系进行实证分析；

对电子商务中物流服务质量的顾客满意度进行评价。

二 研究意义

当代信息技术革命突飞猛进，特别是以互联网（Internet）为核心的网络技术的发明与广泛应用，使企业改变了原有的商务模式，使整个人类社会进入新的电子商务时代。信息技术与网络的结合使得电子商务活动无论从形式上还是内容上都完全区别于以往传统的商务活动，电子商务既是对传统商务的一个挑战，也给传统商务活动带来飞跃①。电子商务为柔性生产提供了技术条件，改变了商品流通方式，增进了产业链上各个企业之间的关系，进而形成了电子商务条件下新的市场竞争特点。因此，面对新的电子商务经济环境，研究企业竞争战略具有重要的理论与实践意义。

从本书的选题背景、国内外研究现状和应用前景来看，研

---

① J. Bowersox Donald, John T. Mentzer and W. Thomas, "Speh, Logistics Leverage", *Journal of Business Strategies*, Vol. 12 (Spring), 1995, pp. 36 – 49.

究意义可概括为理论意义和实践意义。

（一） 理论意义

本研究首先从企业市场竞争环境的角度分析了电子商务带来的经济变革，拓展和加深了电子商务研究的视角，也为之后电子商务条件下企业竞争优势的理论构建奠定了基础。从迈克尔·波特 （Michael E. Porter） 的竞争优势理论开始，物流服务就是构建企业竞争优势的重要影响因素。但是，在电子商务条件下，随着企业价值链的竞争向价值网竞争的转变，物流服务从作为企业竞争优势的重要因素转变为构建企业竞争优势的基础和核心。笔者以这一思想贯穿本研究，以期能对企业竞争优势理论体系有所丰富和完善。

（二） 实践意义

电子商务已经或正在加剧经济全球化、一体化发展，市场竞争日趋激烈，我国企业遇到前所未有的挑战，外国竞争者在带来技术和资金的同时，也利用各种先进的经营理念和竞争手段抢占市场。本研究探讨了电子商务条件下物流服务对竞争优势构建的杠杆作用，并对电子商务条件下物流服务质量与顾客满意的关系、电子商务中物流服务质量评价进行了实证分析。因而，在宏观上可以为国家发展物流服务产业，优化社会经济环境提供理论基础；在微观上为企业制定物流服务为核心的竞争战略，提高物流服务质量提供理论借鉴和实践参考。

第三节　研究方法与内容

一　研究方法

电子商务条件下企业竞争优势的构建，既是一个经济选择问题，也是一个企业管理问题，表现出变量众多、变量间关系复杂、变量本身的不确定性程度高等基本特征。为完成所设定的研究目标，得出科学、合理的结论，必须借助多种研究方法，形成一个完整的研究体系。采用的主要研究方法为：

第一，系统研究方法。首先将竞争优势作为一个系统，分析其内部结构和外部影响因素，对竞争优势的基本内涵进行重新审视，形成理论基础；探讨物流服务在企业竞争优势中的意义，研究其在操作层面的问题，形成解决问题的思路，给出解决方案。

第二，典型案例研究方法：案例研究是一种经验主义的探究（Empirical Inquiry），它研究现实生活背景中的暂时现象（Contemporary Phenomenon）；在这样一种研究情境中，现象本身与其背景之间的界限不明显，（研究者只能）大量运用事例证据（Evidence）来展开研究。通过典型案例来分析电子商务物流服务质量指标和指标之间的关系及其所带来的顾客满意，探讨提高电子商务物流服务顾客满意的对策。

第三，定性分析方法。通过对电子商务的经济变革，以及电子商务中物流服务对企业竞争优势影响的定性分析，以归纳、推理的方式，寻求它们之间的逻辑关系。

第四，定量分析方法。以现代统计数学的手段（如聚类分析、多元回归、灰色综合模糊评价等）对顾客满意与电子商务物流服务的关系进行验证性分析，以证明在定性分析中所提出的假设，探讨在模型设计、评价方法设计、模型应用设计中定量分析手段的应用。

二　研究内容

本研究以传统的竞争优势理论为基础，用创新的研究视角分析电子商务的经济变革，以及电子商务条件下基于物流服务的竞争优势。本研究主要内容如下。

第二章文献综述，通过对电子商务理论、竞争优势理论、物理服务理论等方面的文献综述，明晰本研究范畴，并为本研究提供理论基础。

第三章从电子商务物流服务理论基础出发，厘清电子商务物流的基本概念，分析电子商务物流的基本模式，并综述现代物流发展的现状和问题。

第四章从基于电子商务的经济变革对物流的要求出发，构建电子商务物流服务价值框架。

第五章基于电子商务条件下企业竞争价值链向价值网的发展与变化，在继承传统竞争优势理论的基础上，挖掘物流服务成本领先和差异化的杠杆作用，形成基于物流服务的竞争优势理论框架。

第六章将顾客满意作为企业竞争优势的标志性指标，分析电子商务中影响顾客满意的物流服务主要因素，并通过模型假设、数据检验考察物流服务各因素与顾客满意的关系。

第七章分析网络零售的物流服务顾客满意度的测评方法，主要基于顾客满意评测方法和理论，层次分析法和模糊综合评价方法的结合可以作为物流服务顾客满意的测评方法。

第八章是对基于电子商务的物流服务顾客满意度进行评价分析，以物流服务评价理论为基础构建物流服务顾客满意评价指标体系，并对淘宝网物流服务的顾客满意度进行模糊综合评价。

第四节　主要创新之处

企业竞争优势的构建是一个企业战略管理问题，同时又与技术发展阶段、市场竞争环境、经济发展背景等一系列问题密切相关。我国电子商务从 1997 年至今，已经发展经历萌芽与起步期、冰冻与调整期、复苏与回暖期、崛起与高速发展期和转型与升级期五个阶段。"电子商务正在引发一场'按需定制'的生产模式革命、'线上销售'的销售模式革命、'创业式'的就业模式革命、'货比三家'的消费模式革命、'无领式'的生活模式革命。"本研究在国内外学者的研究基础上，首先将电子商务作为经济背景，对作为电子商务瓶颈的物流服务从企业竞争优势的角度进行全面深入的探讨，本研究的创新之处主要有以下几点。

第一，从电子商务的经济变革和企业竞争优势的双重视角研究物流服务问题，将物流服务从作为企业竞争战略中电子商务的一个环节、企业竞争优势的一个方面的一般作用和地位，转为电子商务条件下构建企业竞争优势的基础。这不仅是在电子商务条件下物流服务在企业竞争优势中地位的量的增加，且是构建企业竞争优势战略思想的根本转变。

第二，运用结构方程模型，考察电子商务中物流服务质量的顾客满意度与消费者后续消费行为的关系，通过数据检验发现物流服务质量带来的顾客满意是电子商务中顾客忠诚最重要的影响因素。物流服务的关键是物流交付的高质量，即准确、完好、快速地交付；网络消费对物流信息质量、网络沟通、物流人员素质也提出了更高的要求；另外，网络零售商和物流企业需要共同维护好物流企业形象并联合降低物流费用。

第三，采用层次分析法（AHP）和模糊评价方法，通过建立支撑网络零售的物流服务顾客满意度评价指标体系，对我国网络零售下的物流服务进行评价。通过实证分析发现：我国现阶段网络零售下的物流服务顾客满意度总体不高，在物流速度、可靠性、企业形象、价格、信息化能力、人员素质、完整性方面还有较大的发展空间，同时这些方面也是影响顾客满意度的重要因素。

第二章　相关文献综述

第一节　电子商务及其发展历程

一　电子商务的概念界定

电子商务是随着计算机、通信和互联网等技术的发展而产生与兴起的新型商务模式。对电子商务的认识也随着电子商务实践活动的发展而变化、丰富与深入。各国政府、学者、企业界根据自己所处的地位、对电子商务参与的方式与程度，对电子商务的定义给出了诸多不同的表述，并对电子商务的内涵、外延与分类进行了研究。

（一）电子商务的定义

1. 政府和国际组织定义

政府和国际组织方面，全球信息基础设施委员会（Global Information Infrastructure Committee，GIIC）电子商务工作分委会、联合国国际贸易法律委员会（United Nations Commission on International Trade Law，UNCITL）、经济合作与发展组织（Organization for Economic Cooperation and Development，OECD）、国际标准化组织（International Standards Organization，ISO）、国际电工委员会（International Electronic Committee，IEC）、美国政府、欧洲经济委员会等等，对电子商务的普及、发展和应用发挥了重要的推动作用，也从电子商务的倡导与推广角度给出各

自对电子商务的定义。

在 1997 年国际商会举行的世界电子商务会议（The World Business Agenda for Electronic）中，世界各国商业、信息技术、法律等领域的专家和政府部门的代表共同探讨了电子商务的概念问题。关于电子商务做了最权威的概念阐述：电子商务（Electronic Commerce，EC），是指实现整个贸易活动的电子化。从涵盖范围方面可以定义为交易各方以电子交易方式而不是通过当面交换或直接面谈方式进行的任何形式的商业交易；从技术方面可以定义为电子商务是一种多技术的集合体。包括交换数据（如电子数据交换 EDI，电子邮件 E-mail）、获得数据（如共享数据库、电子公告牌 BBS）以及自动捕获数据（如条码、IC 卡应用等）。在业务上，包括信息交换、售前售后服务、销售、电子支付、运输、组建虚拟企业、公司和贸易伙伴可以共同拥有和运营共享的商业方法等。

世界贸易组织（WTO）在其《电子商务》专题报告中，对电子商务的定义是：电子商务（Electronic Commerce）是通过电信网络进行的生产、营销、销售和流通活动，它不仅指基于互联网（Internet）的交易活动，且指所有利用电子信息技术（IT）来解决问题、降低成本、增加价值和创造商业和贸易机会的商业活动，包括通过网络实现从原材料查询、采购、产品展示、订购到出品、储运、电子支付等一系列的贸易活动。

经济合作与发展组织（OECD）在有关电子商务的报告中对电子商务下的定义是："电子商务是发生在开放网络上的包含企业对企业（Business to Business，B2B）、企业对消费者（Business to Consumer，B2C）的商业交易，它包括三部分：企业内部网（Intranet）、企业外部网（Extranet）和互联网（Internet）。"[①]

全球信息基础实施委员会（GIIC）电子商务工作委员会的

---

① N. P. Hoffman, "An Examination of the Sustainable Competitive Advantage Concept: Past, Present, and Future", http://www.amsreview.org/articles/hoffman, Vol. 4, 2000.

定义是，电子商务是以电子通信为手段的经济活动。通过这种方式人们可以对带有经济价值的产品和服务进行宣传、购买和结算。这种交易方式不受地理位置、资金多少或零售渠道的所有权影响，公有或私有企业、政府组织、各种社会团体、一般公民、企业家都能自由参加的广泛的经济活动，其中包括农业、林业、渔业、工业、私营和政府的服务业。电子商务能使产品在世界范围内交易并向消费者提供多种多样的选择。

联合国国际贸易法委员会的定义："电子商务是指在 Internet 上进行的商务活动，它是纸上信息交流和储存方式的一种替换形式。其主要功能包括网上的广告、订货、付款、客户服务和货物递交等售前、售中和售后服务，以及市场调查分析、财务核计及生产安排等多项利用 Internet 开发的商务活动。电子商务的一个重要技术特征是利用万维网（World Wide Web，WWW）进行技术传输和商务信息处理。"[①]

美国政府《全球电子商务纲要》指出："电子商务是通过 Internet 进行的各项商务活动，包括广告、交易、支付、服务等活动，全球电子商务将涉及世界各国。"[②]

加拿大电子商务协会给出电子商务较为严格的定义：电子商务是通过数字通信进行商品和服务买卖和资金转账，它还包括公司间和公司内利用 E-mail、文件传输、传真、电视会议、远程计算机联网所能实现的全部功能（如市场营销、金融结算、销售、商务谈判）。

欧洲经济委员会的定义："电子商务是各参与方之间以电子方式而不是以物理交换或直接物理接触方式完成任何形式的业务交易。这里的电子方式包括电子数据交换（Electronic Data In-

---

① William D. Perreault and A. Frederick, "Russ. Physical Distribution Service: A Neglected Aspect of Marketing Management", *MSU Business Topics*, Vol. 22, 1974.

② Kenneth B. Ackerman, "Debuzzing 'Value-Added'", *Transportation & Distribution*, Vol. 32, 1991.

terchange，EDI)、电子支付手段、电子订货系统、电子邮件、传真、网络、电子公告系统、条码、图像处理、智能卡等。"[1]

欧洲议会给出的定义是，电子商务是通过电子方式进行的商务活动，它通过电子方式处理和传递数据，包括文本、声音、图像。它涉及许多方面的活动，涉及货物电子贸易和服务、在线数据传递、电子资金划拨、电子证券交易、电子货运单证、商业拍卖、合作设计和工程、在线资料、公共产品获得等方面。它包括了产品（如消费品、专门设备）和服务（如信息服务、金融和法律服务）、传统活动（如健身、教育）和心理活动（如虚拟购物、虚拟训练）。

2. 企业的定义

企业是电子商务的重要实践者，国际商业机器（IBM）公司、惠普（HP）公司、Sun公司、甲骨文（Oracle）公司、微软（Microsoft）公司、通用电气（GE）等公司也都基于各自的商务活动特点对电子商务的定义有所阐述。

IBM公司对电子商务的描述是：电子商务（EB）是在Internet等网络的广泛联系与传统信息技术系统的丰富资源相互结合的背景下应运而生的一种相互关联的动态商务活动。它强调的是在计算机网络环境下的商业化应用，不仅仅是硬件和软件的结合，也不仅仅是我们通常意义下强调交易的狭义的电子商务（E-Commerce），而是把买方、卖方、厂商及其合作伙伴在互联网（Internet）、企业内部网（Intranet）和企业外部网（Extranet）结合起来的应用。不仅仅是硬件和软件的结合，而是在互联网（Internet）、企业内部网（Intranet）、企业外部网（Extranet）上进行的业务活动，其定义公式为：电子商务（EB）= IT + Web + Business。"电子商务即 E-Business，包括三个部分：企业内部网（Intranet）、企业外部网（Extranet）、电子商务

---

[1] N. P. Hoffman，"An Examination of the Sustainable Competitive Advantage Concept: Past，Present，And Future"，http://www.amsreview.org/articles/hoffman，Vol. 4，2000.

（E-Commerce），它同时强调这三部分是有层次的，只有先建立良好的 Intranet，建立比较完善的标准和各种信息基础设施，才能顺利扩展到 Extranet，最后扩展到 E-Commerce。要实现电子商务关键要解决 3C 问题：信息管理（Content）、合作（Collaboration）、商务交易（Commerce）。"[①]

　　惠普（HP）公司提出电子商务（E-Commerce）、电子业务（E-Business）、电子消费（E-Consumer）和电子化世界的概念。电子商务以现代扩展企业为信息技术基础结构，电子商务是跨时空、跨地域的电子化世界（Electronic Word，EW），EW（Electronic Word）= EC（Electronic Commerce）+ EB（Electronic Business）+ EC（Electronic Consumer）。"'电子商务'是通过电子化手段来完成商务贸易活动的一种方式，它是商家和客户之间的联系纽带。电子商务包括商家之间和商家与最终消费者之间两种形式。"电子业务（E-Business）是，"一种新型的业务开展手段，通过基于 Internet 的信息结构，使得公司、供应商、合作伙伴和客户之间，利用电子业务共享信息。电子业务不仅能够有效地增强现有业务进程的实施，而且能够对市场等动态因素做出快速响应，并及时调整业务进程。更重要的是，电子业务本身也为企业创造出更多、更新的业务运作模式"。对'电子消费'（E-Consumer）的定义是，"人们使用信息技术进行娱乐、学习、工作、购物等一系列活动，使家庭的娱乐方式也越来越多从传统电视向 Internet 转变"。

　　通用电气（GE）公司的定义："'电子商务'是通过电子方式进行的商业交易，分为企业与企业之间的电子商务和企业与消费者之间的电子商务。企业之间的电子商务以 EDI 为核心技术，以增值网（Value Added Network，VAN）和互联网（Internet）为主要手段，实现企业间业务流程的电子化，配合企业内

---

① N. P. Hoffman, "An Examination of the Sustainable Competitive Advantage Concept: Past, Present, And Future", http: //www. amsreview. org/articles/hoffman, Vol. 4, 2000.

部的电子化生产管理系统，提高企业从生产、库存到流通（包括物资和资金）各个环节的效率；企业与消费者之间的电子商务以 Internet 为主要服务提供手段，实现公众消费、服务提供方式以及相关付款方式的电子化。"①

Intel 公司的定义是，电子商务 = 电子化的市场 + 电子化的交易 + 电子化的服务。

Sun 公司认为，"电子商务"是指利用 Internet 网络进行商务交易，包括：①在现有的 WEB 信息发布的基础上加 Java 网上应用软件以完成网上公开交易；②在现有企业内部交互网 Internet 的基础上，开发 Java 网上企业应用，达到企业应用 Internet 化，进而扩展到外部（Extranet），使外部信号客户可以使用该企业的应用软件进行交易；③电子商务客户通过 PG、STB（Set Top Box，即网络电视机顶盒）、电话、手机、PDA（个人数字处理器）等 Java 设备进行交易。这三个方面的发展最终殊途归一——Java 电子商务的企业和跨企业应用。

3. 学者的定义

学者们则因各自的专业眼光和独特见解，对电子商务这一既包括手段又包含内容的现代商务活动过程，作出了各自的诠释。

R. Kalakota 和 B. Winston（1997）在 *Electronic commerce：A Manager Guide* 中将电子商务（E-Commerce）定义为："从通信交流角度看，电子商务就是通过电话线、计算机网络或其他电子方式实现信息、产品、服务或支付的传送；从业务流程角度看，电子商务就是面向业务和工作流自动化的技术的应用；从服务的角度看，电子商务是一种工具，帮助厂家、消费者和管理层削减服务成本，同时提升商品和服务的品质；从在线的角度看，电子商务提供了通过 Internet 和其他在线服务进行产品和

---

① 　William D. Perreault and A. Frederick，"Russ. Physical Distribution Service：A Neglected Aspect of Marketing Management"，*MSU Business Topics*，Vol. 22，1974.

信息的采购和销售的能力。"①

R. Kalakota（2001）博士在其《电子商务2.0：成功之路》中，进一步将电子商务定义为："企业的业务流程、应用系统和组织结构的复杂融合，从而形成高效的企业经营模式。"②

Kenneth C. Laudon 和 Carol Guercio Traver（2004）将电子商务定义为："是利用 Internet 和万维网（World Wide Web，WWW）进行交易。更正式地说，就是在机构以及个人间进行数字化的商务交易。"③

Peter Weill（2001）对电子商务更广泛的理解是："电子商务是指企业基于开放式网络（主要指 Internet）执行业务流程，从而用信息取代原来手工的业务处理。"④

瑞维·卡拉克塔和安法鲁·B. 惠斯顿在《电子商务的前沿》一书中指出："广义地讲，电子商务是一种现代商业方法。这种方法通过改善产品和服务质量、提高服务传递速度、满足政府组织、厂商和消费者的降低成本的需求。这一概念也用于通过计算机网络寻信息以支持决策。一般地讲，今天的电子商务通过计算机网络将买方和卖方的信息、产品和服务联系起来，而未来的电子商务则通过构成信息高速公路的无数计算机网络中的一条线将买方和卖方联系来。"这是西方学者中较早的也是富有远见的一种见解。他把电子商务看作一个动态发展过程，描述了今天的电子商务，还预见到未来的电子商务。

加拿大学者 Jenkins 和 Lancashire 在《电子商务手册》中，

---

① R. Kalakota and Andrew B. Whinston, *Electronic Commerce：A Manager's Guide*, Addison Wesley Longman, Inc. 1997.

② R. Kalakota, M. Robinson, "e-Business 2.0：Roadmap for Success." *Addison-Wesley*, 2001, pp. 20 – 21.

③ ［美］劳顿、特瑞佛：《电子商务：商业、技术和社会》，劳帼龄译，高等教育出版社2004年版，第7—8页。

④ P. Weill and M. Vitale, "From Place to Space：Migrating 10 Atomic e-Business Models", *Harvard Business School Press*, Vol. 12, 2001.

则从技术手段的角度，把电子商务描述为"数据（资料）电子装配线的集成"。我国学者王新华也持类似看法，认为从本质来讲，"电子商务是一组电子工具在商务过程中的应用"。

西安交通大学李琪（1997）从电子商务主体、工具和效率的角度，将电子商务定义为："在技术、经济高度发达的现代社会里，掌握信息技术和商务规则的人，系统化运用电子工具，高效率、低成本地从事以商品交换为中心的各种活动的总称。"并进一步分析界定，认为电子商务是新的生产力[①]。

中国人民大学方美琪（2001）强调了电子商务的技术基础和过程，将电子商务定义为："电子商务是基于 Internet/Intranet 或局域网、广域网，包括了从销售、市场到商务信息管理的全过程。"[②]

宋玲（2000）将电子商务定义为："电子商务是在网上开展的一种先进的交易方式，网络是电子商务最基本的架构。电子商务强调参加交易的买方、卖方、银行或金融机构和所有合作伙伴，通过企业内联网（Intranet）、企业外联网（Extranet）和互联网（Internet）密切结合起来，共同从事在网络计算环境下的商务电子化应用。"[③]

（二）电子商务的内涵与外延

内涵与外延是逻辑学上的一对术语。内涵指概念所含的特有属性，实际上是指概念的内容。外延是概念所指的对象，即概念所指的范围。政府、企业和学者们由于各自所处的不同地位、观察角度和实践经验，在理解和界定电子商务时各有侧重的同时也出现了某种差别。通常人们把这种认识和实践中的差别概括为狭义的理解和广义的理解。

[①]　李琪：《中国电子商务》，西南财经大学出版社 1997 年版，第 55—56 页。

[②]　方美琪：《电子商务概论》，清华大学出版社 2014 年版，第 3—4 页。

[③]　宋玲：《电子商务——21 世纪的机遇与挑战》，电子工业出版社 2000 年版，第 2—3 页。

1. 电子商务的内涵

从生产力的劳动者、劳动工具和劳动对象构成三要素分析电子商务的动态演进过程可知，电子商务这种新型经济活动方式涵盖了参与电子商务的人及其知识与技能、网络手段和系统化电子工具、电子商务对象。电子商务的核心是掌握现代信息技术，特别是以 Internet 技术为代表的网络技术与商务理论及实务的复合型人才，他们是电子商务的关键要素；电子商务的基础是综合运用网络环境和各类系统化的电子工具；电子商务的对象是以商品交易为中心的各种商务活动。电子商务的目的是高效率、低成本、安全便利地进行产品生产和服务，提高企业的竞争能力。

2. 电子商务的外延

从电子商务的定义和内涵可以推出电子商务的外延，电子商务的外延主要集中在网络环境及电子工具的发展、商品范畴的拓展和商务活动的扩展。

电子工具的发展表现为，计算机的发展和网络技术的革命，使得机电一体化、光电一体化的电子产品不断创新，以 Internet 技术为代表的网络技术的广泛应用；商品范畴的拓展体现为泛商品概念的引入和商品多样性的特征表现，如搜索引擎、短信服务等服务商品概念的引入；商务活动的拓展是从泛商品的需求活动到泛商品的合理、合法的供给除去典型的生产过程后的所有活动：商务信息交换、广告、销售、运输、电子支付、售前售后服务等。商务活动的扩展带来商务活动领域的扩展，形成从政府到市场、从市场到生产，再从市场到消费者的多方网络化联系。

综上所述，狭义的电子商务是指由掌握现代信息技术、商务理论及实务活动规则的人，运用电子手段（通过计算机网络，主要是通过互联网），高效率、低成本地从事以商品交换为中心的各种商务活动。狭义电子商务是基于互联网环境的商品交易及与商品交易相关的商务活动，它是通过在技术上、功能上更加拓展了的网络——国际互联网进行的、从更严格意义上规范的在线产品和劳务的交易活动。交易内容包括有形产品和劳务的交易，如书籍、日用消费品、汽车等买卖活动与在线医疗咨询、旅游安排、远程教学活动，也包括一些无形产品，新闻、音像、数据库、软件等知识、信息的提供等。

广义的电子商务泛指运用现代电子信息技术，以整个市场为范围的，在企业与企业之间、企业与消费者之间、企业与政府之间发生的商务活动。在技术手段上，不限定于国际互联网，而是泛指与数字化处理有关的电子信息技术、网络技术以及其他交换数据、获得数据的技术。即从初级的电话、电报，到国家信息基础设施（National Information Infrastructure，NII）、全球信息基础设施（Glob Information Infrastructure，GII）和互联网（Internet）等现代计算机网络系统。在商务范围方面，也不仅限于通过互联网进行的在线式产品和劳务交易活动，它还包含了与整个市场活动相关的若干方面，如产品设计与生产、产品和劳务的广告促销、交易双方的磋商签约、产品的分发运送、货款结算以及售后服务等。

二　电子商务的发展进程

电子商务既是技术进步和商务活动不断演进的结果，又处于不断演进的过程之中，体现了技术和经济发展、渗透、融合的动态过程，其发展经历了以下三个阶段。

（一）媒介交换阶段

传统的商业是以手工处理信息为主，并且通过纸上文字交换信息，随着处理和交换信息量的剧增，该过程变得越来越复杂，这不仅增加了重复劳动量和额外开支，而且也增加了出错机会，在这种情况下需要一种更加便利和先进的方式来快速交流和处理商业往来业务。电子商务起源于无纸贸易（Electronic

Trade，ET），最初被用于部分企业与客户的交易中。它简化了交易手续，提高了交易效率，降低了交易成本，为很多企业所仿效。20 世纪 80 年代前，随着计算机的普及和各种软件的发展，商业数据的无纸化处理逐渐变成现实。在这一阶段，商务数据通过磁盘或磁带等非纸介质进行交换。

（二）电子数据交换（EDI）阶段

到了 20 世纪 80 年代，一些专用的数据交换系统逐渐建成并投入运行，特别是当电信部门推出网络服务后，这些专用信息交换系统得到进一步发展。但各企业所制定的交易程序不一致，为保证交易的安全、可靠和顺畅进行，就需要形成一套完整的标准体系，于是出现了按照标准格式进行数据传输而达成交易活动，即电子数据交换（Electronic Data Interchange，EDI）。

70 年代，美国银行家协会（American Bankers Association，ABA）提出的无纸金融信息传递的行业标准，以及美国运输数据协调委员会（Transportation Data Coordinating Committee，TD-CC）发表的第一个 EDI 标准，开始了美国信息的电子交换。随着美国政府的参与和各行业的加入，美国全国性的 EDI 委员会——X12 委员会于 80 年代初出版了第一套全国性的 EDI 标准，接着，80 年代末期联合国公布了 EDI 运作标准 UN/EDI-FACT（United Nations Rules for Electronic Data Interchange for Administration，Commerce and Transport），并于 1990 年由国际标准化组织正式接受为国际标准 ISO 9735。随着这一系列的 EDI 标准的推出，人们开始通过网络进行诸如产品交换、订购等活动，EDI 也得到广泛使用和认可。

（三）基于 Internet 的电子商务阶段

20 世纪 90 年代，随着计算机技术、信息技术、网络技术等飞速发展，互联网出现了，它极大地提高了信息沟通能力与水平，其技术的开放性、低成本性、广域性等特点，使互联网也从支持教育和研究活动的最初宗旨，逐步渗透到了经济领域。

以 XML（可扩展标示语言）为代表的新技术不断涌现，它们不仅能融合原有的 EDI 系统，还可协调和集成异构数据、支持不同应用平台，能电子化处理整个商业信息，商务流程的交易前、交易中、交易后的全程电子化逐步被企业采用，进而引致网上在线式电子商务（EC）。从此，局限于局域网、基于 EDI 的电子商务发生了质的飞跃，形成了以计算机和信息技术为支撑、基于 Internet 的电子商务。由于 Internet 技术的成熟、个人电脑互联性的增强和能力的提高，电子商务日益蓬勃起来，并成为20 世纪 90 年代初期美国、加拿大等发达国家的一种崭新的企业经营方式。Internet 的发展给电子商务注入了新的活力，电子商务呈现迅速增长的态势，受到了全世界的瞩目。

第二节 基于电子商务的经济变革

一 电子商务蕴含新的经济规律

当今世界正在进行的以计算机技术发展与使用为中心的电子、信息革命，目前正处于加速阶段，其整体概貌尚未定型，但是，它已经给人们的生活、工作打上了深刻烙印，造就了世界经济发展的主要增长点。电子商务革命就是这场电子、信息革命在经济领域的重要表现形式，它正在改变人们的商务活动、行为标准和经济规律。

（一）电子商务拓展生产力要素

传统经济学以研究物质资料的生产、交换、分配与消费等经济关系和经济活动规律及其应用为宗旨，它的研究范围局限于物质产品、物质财富、物质市场、物质生产劳动等。总之，传统经济学的研究都与"物质"（包括能源）相关的生产力和生产关系有关。

生产力是生产关系的物质基础，传统经济学对生产力要素组成的认定存在不同的观点。一是"两要素说",认为生产力是人类所用于自然界的生产能力,它"由用来生产物质资料的生产工具,以及有一定的生产经验和劳动技能来使用生产工具、实现物质资料生产的人"共同组成①。二是"三要素说",认为生产力是指生产总量,决定该量的生产过程的要素,即生产力要素,除了劳动工具和劳动力之外,还包括劳动对象。劳动对象的发掘与变革对生产力的增长具有越来越显著的作用。三是"多要素说",将生产力视为生产率或劳动生产率,它的高低除了取决于上述三要素外,还受到"科学的发展水平和它在工艺上应用的程度,生产过程的社会结合等"以及其他要素的影响②。

"多要素说"表明,生产力要素是随着社会生产的发展而发展的。一是决定生产力的主导因素的变化,比如,从生产工具主导到"科技是第一生产力"的转变;二是决定生产力要素内容的拓展,比如,从生产力基本三要素到科技、管理、知识、信息等。1991 年,乌家培提出"信息是最重要的生产力软要素",并对此做了全面论述③。世界银行 1998—1999 年报告《知识与发展》认为,"信息是每一个经济的生命线"④。

在信息经济社会,经济信息化、信息数字化、数字网络化是经济活动的基本特征。电子商务就是以此为基础而进行的,广义的电子商务既包括信息产品的生产交易活动,也包括以信息、通信技术为媒介和工具的商务活动。以电子商务为重要表现方式,信息对劳动者、劳动工具和劳动对象都产生了深刻的影响。第一,作为劳动力的首要因素,劳动者对获取、传递、

---

① [苏]斯大林:《斯大林文选(1934—1952)》,刘乐华编译,人民出版社 1962 年版,第 195 页。

② 马克思、恩格斯:《马克思恩格斯选集》(第 2 卷),中共中央编译局编,人民出版社 2013 年版,第 75 页。

③ 乌家培:《信息与经济》,清华大学出版社 1993 年版,第 27—30 页。

④ 世界银行:《知识与发展》,中国财政经济出版社 1999 年版,第 72 页。

处理和运用信息能力的依赖性空前增强，并促使新型劳动者，即信息劳动者的出现和迅速增加。第二，作为生产力中起积极作用的活跃因素，劳动工具智能化、网络化，蕴含的信息与知识含量急剧增大，信息网络本身也成为公用或专用的劳动工具。在电子商务中，网络成为重要的基础设施，信息成为商品，当信息被投入生产过程并发挥作用的时候，它就成为生产要素①。

（二）电子商务挑战边际效益递减规律

"边际收益递减规律"又称"边际报酬递减规律"或"边际产量递减规律"，指在技术水平不变的条件下，增加某种生产要素的投入，当该生产要素投入数量增加到一定程度以后，增加一单位该要素所带来的产量增加量是递减的。边际收益递减规律是以技术水平和其他生产要素的投入数量保持不变为条件的，而且，只有当可变投入增加到一定程度之后，边际产量才递减。其原因是，在一定生产技术条件下，生产中的固定投入和变动投入之间存在一个最佳组合比例。在此点之前，固定投入没有得到充分利用，等量变动投入可以与多量的固定投入结合，产量增加；到达此点之后，与等量变动投入结合的固定投入减少，生产效率下降，完成同样产量需要的变动投入增加，从而产生边际产量递减或边际成本递增。

西方经济学家也认为，边际收益递减规律并不是根据某种理论原理引导出来的定理，它只是根据对实际的生产和技术情况的观察所作出的经验性的论断。对边际收益递减现象的研究是从农业生产活动中开始的。迄今的教科书的解释大多以农业为例。而农业生产是典型的经济再生产与自然再生产相结合的过程，这决定了农业生产对空气、阳光、水分等自然环境的依赖性，这都体现或者包含在固定投入——土地中。当一定技术水平的劳动等可变投入超过与土地的恰当比例，就会导致边际

---

① 李琪：《电子商务概论》，高等教育出版社 2009 年版，第 61—63 页。

收入的减少。

随着技术水平的不断进步，在经济发展的不同阶段，生产要素使用中的消耗性质发生转变，固定投入与可变投入的关系也会随之发生变化。电子商务越来越有力地摆脱着自然因素的作用，信息和网络是重要的（固定投入）经济资源，与土地不同，这种资源是可再生和重复使用的，具有无排他性，其使用效率将随着生产经营规模的扩大、可变投入增加而提高，它的成本不随使用量的增加而成比例增加。这从根本上改变了传统产业中边际报酬递减规律存在的条件。在社会经济的投入产出系统中，在其他条件不变的情况下，随着要素投入的持续增加，其边际报酬（即边际产出效益）呈递增的趋势，因而出现了边际报酬递增规律。

互联网的发展带来了许多新兴行业的"边际收益递增"，如经营网上书店的当当网和经营网上拍卖的 eBay。而且，互联网本身的发展也是一个"边际收益递增"的过程，具有收益随规模扩大而不断上升的特点，同一网络或信息服务，使用的人越多，其单位成本和边际成本越低，因此，具有扩张的无限性。正因为有不断增长的互联网用户群，才造成足够的经济理由去开创更多的网上内容和服务；由于有不断增加的内容和网上服务，才造成足够的经济理由去投资建设基础设施，使得带宽更大，速度更快；因为有了更多的带宽，所以有了更多的上网设备。共享程度越高的东西越有价值，HIML、XML 或 Internet Explorer，如果只有一个用户使用，那么它们的价值就是零；只有更多人的认可和使用，一项技术的价值才能得到最大限度的体现。

（三）电子商务对规模经济双向影响

规模经济又称"规模利益"（Scale Merit），是指生产的经济效益和生产规模之间存在着一定程度的数量关系，在一定的产量范围内，随着产量的增加，平均成本不断降低、经济效益的提高的事实。规模经济是由于一定的产量范围内，固定成本可以认为变化不大，那么新增的产品就可以分担更多的固定成本，从而使总成本下降。生产方的规模经济带来正反馈，几乎每个产业发展的早期都要经过正反馈阶段。规模经济的形成来自内在原因和外在原因两个方面，包括以下因素：一是专业化，从亚当·斯密的著作开始，人们认识到分工可以提高效率。规模越大的企业，其分工也必然是更详细的；但是根据杨小凯所述，亚当·斯密（Adam Smith）强调的是分工而非规模，规模经济来自马歇尔（Alfred Marshall）的新古典经济学理论，与亚当·斯密的古典经济学是相互矛盾的论述。同时，并没有说规模越大、分工越详细的道理。阿林·杨格（Allyn Young）争辩道，如果只观察一个企业或一个特定行业规模变化的效果，则递增报酬的实现机制就不能被充分了解，因为累进的行业分工和专业化是递增报酬实现过程的至关重要的一部分；二是学习效应，随着产量的增加，工人可以使熟练程度增加，提高效率；三是可以有效地承担研发费用等；四是运输、采购原材料等方面存在的经济性；五是价格谈判上的强势地位。

规模经济的制约因素主要有：一是自然条件，如石油储量决定油田规模；二是物质技术装备，如化工设备和装置能力影响化工企业的规模；三是社会经济条件，如资金、市场、劳力、运输、专业化协作对企业规模的影响；四是社会政治历史条件等。因此，波特在《竞争优势》中提到，规模大到一定程度将会产生规模不经济，如工厂员工过多会产生强大的工会，将会使劳工成本上升，而且规模大时管理费用也要增加。在一些行业，如高档时装，因为稀缺才贵，规模就不经济了。受到以上因素的制约，当经济实体规模扩大超出最佳生产规模时，产量的增加小于投入要素的增加比例，收益递减，就是规模不经济。所以，在市场经济中，生产经营者总是研究取得最佳经济效益的合理规模及其制约因素和各种不同经济规模之间相互联系和配比，追求规模经济，避免规模不经济。

一方面，电子商务使规模经济作用的相对重要性降低。在网络经济中，尽管规模经济仍然是提高经济效益、优化资源配置的重要途径，但由于生产技术和管理技术的集成化、柔性化发展，数字化神经网络系统的建立与应用，由于外部市场内部化同外包业务模式的并行发展，还由于相关业务甚至不同业务的融合，当软件、多媒体、信息咨询服务、研究与开发、教育与培训、网络设备与产品等变动成本占总成本较高比例的信息产业、网络产业、知识产业在经济中起主导作用时，增加经济性效应的途径越来越多样化。范围经济（通过产品品种或种类的增加来降低单位成本）变得更加重要了，差异经济（通过产品或服务差异性的增加来降低成本和增加利润）、成长经济（拓展企业内外部的成长空间来获取利润）、时效经济（通过抢占利用机遇扩大市场份额来赢得竞争优势）等各种提高经济效益的新途径出现了，这些途径不仅大企业在利用，而且更有利于大量中小企业加以利用。无可否认，规模经济作为人类经济活动提高效益的基本途径，这个事实没有改变，但它的相对重要性由于网络经济的发展的确变化了，它不再是最重要的，更不是唯一的经济性效应。

另一方面，电子商务又使规模经济的作用得到加强。传统产业的规模经济被称为供应方规模经济，基于供应方规模经济的正反馈有自然限制，超过这一点负反馈就起主导作用，这种限制源于组织内部的交易成本大于市场的交易成本。但在网络经济中正反馈是由市场需求方引起的，而不仅仅是供给方。不管是有形的网络还是虚拟的网络，都有一个基本的经济特征：连接到一个网络的价值取决于已经连接到该网络的其他人的数量。这个规律称为：网络效应、网络外部性或需求方规模经济，即网络形成的是自我增强的虚拟循环，增加了成员就增加了价值，反过来又吸引更多的成员，形成螺旋上升的优势。换句话说，当某种原因使得顾客广泛认可你的产品时（比如认为你的产品将成为业界的标准，将被多数人应用或成为主流），你的市场份额将不断自我膨胀，效益将不断提高，也就是说这种规模经济主要是由需求方规模经济导致的，当然我们也不能排除供给方规模经济的作用。需求方规模经济与供给方规模经济的不同在于：需求方规模经济在市场足够大时不会分散，当已经有很多人使用某种网络产品时，下一个顾客更倾向于购买同样的产品。在网络经济中，供应方规模经济和需求方规模经济结合起来，使得正反馈作用更强烈。网络信息产品的需求规模经济是普遍规律。任何通信网络都具有这样的特征：使用网络的人越多，它对每个人的价值越大。供应方规模经济和需求方规模经济的结合作用是双重的：需求方的增长减少了供给方的成本，又使得对其他用户更具吸引力，这样又加速了需求的增长。

（四）电子商务使经济周期"微波化"

与传统经济相反，就宏观经济层面来考察，电子商务促进了经济周期波动的微波化。

首先，电子商务促进了供求的良性互动。电子商务以新供给创造了新需求，又以新需求推动了新供给，促进了社会总供求的良性互动，推动了经济的持续、稳定增长，从而延长了经济扩张期，减小了经济波动的幅度。电子商务以不断创新的新产品丰富了社会的总供给，有力地推动了社会总需求，包括投资需求与消费需求。在非住宅固定投资中，用于设备和软件的投资迅速增长。1993—2015 年，其投资增长率一直保持在 7% 左右的较高水平上；1998 年、2012 年、2013 年更高达 8% 以上；部分年份如 2001 年高达 12% 以上。信息技术革命创造了新的就业岗位，总供给与总投资的增长又进一步推动了就业的增加，也推动了股市的上升，从而增加了居民的即期收入和预期收入，扩大了消费需求。个人消费支出的年增长率 1991 年为 0.1%，1996—2000 年为 10.5%，2001—2005 年为 7.9%，

2011—2015 年为 8.6%；其中，用于耐用商品的个人消费支出，其年增长率由 1991 年的 6.6%，上升到 2015 年的 11.4%。投资需求与消费需求的旺盛，通过市场机制，又有力地推动了社会总供给的改善与提高。在供求良性循环的基础上，中国经济出现了破纪录的超常增长。

其次，电子商务缩短了供求之间的距离。计算机与互联网的发展，使商品和服务的供给与需求在时间上、空间上缩短了距离，厂商可根据用户的不同需要进行设计与生产，这样，使"买"与"卖"之间的脱节得以克服，使库存得以减少，甚或实现了零库存。这可以避免生产过剩或供给不足，有利于缩小整个经济的波动。

再次，电子商务推动了产业结构的优化和升级，特别是促进了现代第三产业的发展，增强了经济结构自身的稳定性。

一般来说，三次产业由于各自的生产与技术特点不同，而有着不同的波动特点。第一产业由于受自然条件的影响较大，其增长率较不稳定；以工业为主的第二产业，具有很强的突然跳跃式的扩张力和收缩力，其增长率的波动幅度最大；第三产业以服务为主，服务形态的"产"与"销"基本上是同步进行的，而且一般的对服务的需求本身波动较小，所以，其增长率的波动幅度较小。以电子商务为标志的网络经济的显著特征就是"两高一低"：高增长、高就业、低通胀。网络经济的实质还是信息经济或知识经济，因为它所强调的依然是以情报、知识等信息为核心，以电子信息网络为依托，采用最直接的方式沟通社会成员的信息联系，将工业时代的迂回经济变成信息时代的直接经济。网络经济的生产力与工业经济的生产力发展方向完全相反，因为工业经济生产力的总方向是"分化"，而传统经济的波动，是生产与消费"分离"后的必然。网络经济的"两高一低"则是借助于网络使生产和消费"合"在一起的结果。

二 电子商务推动产业融合

融合首先起源于技术革命，网络为时空融合提供了生产力基础，表现为以最低的成本实现"最强大的社会化功能"。技术融合导致社会功能融合，最后达到产业融合，这就是网络经济的核心。另外，技术的融合导致功能的融合。通过社会功能的重组，可以将破坏了有机性的工业部门分隔体制，恢复到不可分割的生命系统的水平，结果是供方更快捷、更直接地贴近并融入需方。再次，功能的融合导致产业的融合与社会的融合，使城乡、职业、地位间的差别趋于消失，多维度地融为一体。

网络经济是以直接经济为特征的服务经济和体验经济，它是人类联系与交流方式的演进，是以各种有形或无形的网络工具体系为依托，以综合、融合为典型特征的经济模式。在经济意义上，就生产者与消费者、产业与产业以及个体与个体的关系而言，工业财富来自它们之间的分工；而信息财富则来自它们之间的融合。网络及其有效的组织形式正是促成这种融合的基础和目标。

(一) 产业融合：一种新的产业创新

产业经济是随着社会分工和生产力发展而发展的，传统技术革命推动下的技术发展和传统工业化生产方式导致了有明确产业边界的产业分立形态的长期存在。但是，随着技术革新的不断发展和信息化时代的来临，产业经济的发展将在融合的基础上进一步演进，产业融合正日益成为建立在科技发展并不断融合基础之上的新型产业革命。

1. 产业融合的时代背景

以信息技术为核心的新技术革命，给世界带来一个全新的信息时代，而作为经济发展的产业，必然进行技术、产品、业务和市场等多个层次的适应性、战略性的调整。产业融合作为一种经济现象，最早源于数字技术的出现而导致的信息行业之

间的相互交叉。20世纪70年代的通信技术革新和信息处理技术
的革新及迅速发展，推动了通信、邮政、广播、报刊等传媒间
的相互融合，产业融合发展的趋势初见端倪。20世纪90年代以
来，由于通信技术的进一步革新和个人电脑的普及所带来的互
联网的广泛应用，推进了出版、电视、音乐、广告、教育等产
业的融合浪潮。2000年1月10日，世界上最大的互联网服务公
司——美国在线公司和世界上最大的传媒公司——时代华纳公
司宣布合并，造就了新的美国在线—时代华纳，代表着传统媒
体产业和网络产业的融合，同时，也标志着产业融合向全方位、
跨行业、深层次、超国界发展①。

　　2. 产业融合的理论发展

　　以信息技术为核心的新技术发展，企业的并购、联盟活动
及相关的理论研讨交流促成了产业融合理论的浮现和发展。
1994年，美国哈佛大学商学院举行了由学术界、电子信息产品
和服务业人员参加的，关于产业融合的首次学术论坛——"冲
突的世界：计算机、电信以及消费电子学研讨会"。1997年6
月，在加利福尼亚大学伯克利分校召开的"在数字技术与管制
范式之间搭桥"的会议对产业融合及其有关的管制政策也进行
了讨论。哈佛论坛和伯克莱会议表明，产业融合这一新的经济
现象已经得到学术界、商业界和相关管制机构的关注。

　　随着信息网络等新技术的迅速发展和扩散，许多公司在不
同的产业间实现了技术、产品、业务和市场等多个层次的融
合②。因此对产业融合的界定，也均与计算机、通信的技术发展
及其产业应用的扩展紧密联系。欧洲委员会的绿皮书（Green
Paper，1997）认为，产业融合是指"产业联盟和合并、技术网

---

　　① 中国B2B研究中心：《2009年电子商务的未来预测与研究》，2009年2月（ht-
tp：//info. biz. hc360. com/ 2009/02/13082983367. shtml）。

　　② 陈柳钦：《产业融合问题研究》，《南都学刊》（人文社会科学学报）2007年第
6期。

络平台和市场等三个角度的重合"，并针对三网融合，提出了电信、广播电视和出版三大产业融合不仅仅是一个技术性问题，更是涉及服务以及商业模式乃至整个社会运作的一种新方式，并把产业融合视为新条件下促进就业与增长的一个强有力的发动机，这无疑将扩展至整个信息市场，乃至催化今后世界经济的综合。美国学者 Greenstein 和 Khanna（1997）针对计算机、通信和广播电视业的融合，指出产业融合是为了适应产业增长而发生的产业边界的收缩或消失。Lind（2005）建立了一个产业生命周期理论模型指出，产业融合是指由技术变革引发的产业边界重新界定。日本学者植草益（2001）在对信息通信业的产业融合进行研究以后，把产业融合定义为通过技术革新和放宽限制来降低行业间壁垒，加强各行业企业间的竞争合作关系。并认为产业融合不仅出现在信息通信业，金融业、能源业、运输业的产业融合也在加速进行之中。由于产业融合，企业间以及企业内部的组织形式发生相应变化，企业并购、流程重组、战略联盟和虚拟企业等逐渐成为现代企业组织形式的主流。他预测，不仅只在这 4 个产业领域，在制造业，产业融合也将得到进一步发展。

在我国，大多数学者从产业之间影响关系的角度主张，产业融合是高新技术及其产业作用于传统产业，使得两种产业或多种产业融为一体，形成一种新的产业。角度虽有不同，实质内容大致一致，即高新技术的发展特别是信息技术的革命及其强大的渗透力，打破了不同产业的边界，使不同产业之间相互渗透、相互融合，形成新的融合产业。马健（2002）将产业融合的含义概括为：由于技术进步和放松管制，发生在产业边界和交叉处的技术融合，改变了原有产业产品的特征和市场需求，导致产业的企业之间竞争合作关系发生改变，从而导致产业界限的模糊化甚至重划产业界限。周振华（2003）认为产业融合意味着传统产业边界模糊化和经济服务化趋势，产业间新型的竞争协同关系的建立和更大的复合经济效应。聂子龙、李浩（2003）认为：所谓产业融合是指不同产业或同一产业内的不同行业相互渗透，相互交叉，最终融为一体，逐步形成新产业的动态发展过程；同时在这一过程中还会发生既有产业的退化、萎缩乃至消失的现象。

（二）多种因素推动产业融合

产业融合是不同产业通过相互交叉和渗透形成的基于技术的融合，一般发生在技术或产品的产业关联性或替代性的不同产业的边界或交叉处，它是一个动态发展的过程。产业间的关联性和对效益最大化的追求是产业融合发展的内在动力。从当今世界产业融合的实践看，推动产业融合的因素是多方面的。

1. 技术创新的驱动力

产业融合在 20 世纪 90 年代以来成为全球产业发展的浪潮，其主要原因就在于各个领域发生的技术创新，以及将各种创新技术进行整合的催化剂和黏合剂——通信与信息技术的日益成熟和完善。作为新兴主导产业的信息产业，近几年来以每年30%的速度发展，信息技术革命引发的技术融合已渗透到各产业，导致了产业的大融合。技术创新和技术融合是当今产业融合发展的催化剂，在技术创新和技术融合基础上产生的产业融合是"对传统产业体系的根本性改变，是新产业革命的历史性标志"，成为产业发展及经济增长的新动力[①]。

技术创新开发出了替代性或关联性的技术、工艺和产品，然后通过渗透扩散融合到其他产业之中，从而改变了原有产业产品或服务的技术路线，因而改变了原有产业的生产成本函数，从而为产业融合提供了动力。重大技术创新在不同产业之间的扩散导致了技术融合，技术融合使不同产业形成了共同的技术

---

① 吴颖：《产业融合问题的理论研究动态》，《产业经济研究》（双月刊）2004 年第 4 期。

基础，并使不同产业间的边界趋于模糊，最终促使产业融合现象产生。比如，20 世纪 70 年代开始的信息技术革命改变了人们获得文字、图像和声音三种基本信息的时间、空间及其成本。随着信息技术在各产业的融合以及企业局域网和宽域网的发展，各产业在顾客管理、生产管理、财务管理、仓储管理、运输管理等方面大力普及在线信息处理系统，使顾客可以随时随地获得自己所需要的信息、产品与服务，致使产业间的界限趋于模糊。

2. 企业间竞争合作的压力

企业在不断变化的竞争环境中不断谋求发展扩张，不断进行技术创新，不断探索如何更好地满足消费者需求以实现利润最大化和保持长期竞争优势。当技术发展到能够提供多样化的满足需求的手段后，企业为了在竞争中谋求长期的竞争优势便在竞争中产生合作，在合作中产生某些创新而实现某种程度的融合。

利润最大化，成本最低化是企业的不懈追求。产业融合发展，可以突破产业间的条块分割，加强产业间的竞争合作关系，减少产业间的进入壁垒，降低交易成本，提高企业生产率和竞争力，最终形成持续的竞争优势。企业间日益密切的竞争合作关系和企业对利润及持续竞争优势的不懈追求是产业融合浪潮兴起的重要原因。

跨国公司根据经济整体利益最大化的原则参与国际市场竞争，在国际一体化经营中使产业划分转化为产业融合，正在将传统认为的"国家生产"产品变为"公司生产"产品。可以说，跨国公司是推动产业融合发展的主要载体。

3. 放松管制的外部条件

放松管制为产业融合提供了外部条件。不同产业之间存在着进入壁垒，这使不同产业之间存在着各自的边界，美国学者施蒂格勒认为进入壁垒是新企业比旧企业多承担的成本，各国政府的经济性管制是形成不同产业进入壁垒的主要原因。管制的放松导致其他相关产业的业务加入到本产业的竞争中，从而逐渐走向产业融合。为了让企业在国内和国际市场中更有竞争力，产品占有更多的市场份额，一些发达国家放松管制和改革规制，取消或部分取消对被规制产业的各种价格、进入、投资、服务等方面的限制，为产业融合创造了比较宽松的政策和制度环境。值得说明的是，技术进步加上放松管制并不一定就导致融合。产业的技术进步大多发生在本产业内部，而不是发生在产业边界，产生了被学术界称为"死尸融合"的现象。"死尸融合"迫使实业界对企业传统经营观念进行了创新，提出了企业重组（BT）、业务流程重组（BPR）、虚拟企业等管理模式，并在 20 世纪 90 年代中期为促进产业融合开始直接进行管理创新的实践。通过将管理创新、技术进步、放松管制结合起来，使产业融合变为现实。正是美国政府放松了对电信业的经济性管制，使得电信业、有线电视业之间的产业边界模糊，导致了产业融合现象的出现。

（三）产业融合的主要方式

胡汉辉、邢华（2003）将产业融合分为三种形式：产业渗透、产业交叉和产业重组[①]。

1. 产业渗透

产业渗透是指在高科技产业和传统产业的产业边界处，高新技术及其相关产业向其他产业渗透、融合，并形成新的产业。如生物芯片、纳米电子、三网融合（即计算机、通信和媒体的融合）；信息技术产业以及农业高新技术化、生物和信息技术对传统工业的改造（比如机械仿生、光机电一体化、机械电子）、电子商务、网络型金融机构等。如发生在 20 世纪 90 年代后信

---

① 胡汉辉、邢华：《产业融合理论及其对我国发展信息产业的启示》，《中国工业经济》2003 年第 2 期。

息和生物技术对传统工业的渗透融合，产生了诸如机械电子、航空电子、生物电子等新型产业。又如电子网络技术向传统商业、运输业渗透而产生的电子商务、物流业等新型产业；高新技术向汽车制造业的渗透将产生光机电一体化的新产业，等等。高新技术向传统产业不断渗透，成为提升和引领高新技术产业发展的关键性因素，高新技术及产业发展有利于提升传统产业的发展水平，加速了传统产业的高技术化。主要体现在：促进传统产业的高附加值化，促进传统产业推出新品种和新的产业，促进传统产业装备现代化。据分析，近年来 IT 产业对美国经济的贡献率超过 35%，1999 年 IT 使全美国制造业劳动生产力增长了 6.4%。目前，信息技术正在以前所未有的广度和深度渗透到制造业的各个环节中，使制造业的产品和生产过程，以至于管理方式发生了深刻甚至是革命性的变化。

2. 产业交叉

产业交叉是指通过产业间的互补和延伸，实现产业间的融合（周振华，2001），往往发生在高科技产业的产业链自然延伸的部分。这类融合通过赋予原有产业新的附加功能和更强的竞争力，形成融合型的产业新体系。这种融合更多地表现为服务业向第一产业和第二产业的延伸和渗透，如第三产业中相关的服务业正加速向第二产业的生产前期研究、生产中期设计和生产后期的信息反馈过程展开全方位的渗透，金融、法律、管理、培训、研发、设计、客户服务、技术创新、贮存、运输、批发、广告等服务在第二产业中的比重和作用日趋加大，相互之间融合成不分彼此的新型产业体系。

3. 产业重组

产业重组主要发生在具有紧密联系的产业或同一大类产业内部的子产业之间，是指原本各自独立的产品或服务在同一标准元件束或集合下通过重组完全结为一体的整合过程。通过重组型融合而产生的产品或服务往往是不同于原有产品或服务的新型产品或服务。例如，第一产业内部的种植业、养殖业、畜牧业等子产业之间，可以生物技术融合为基础，通过生物链重新整合，形成生态农业等新型产业形态。在信息技术高度发展的今天，重组融合更多地表现为以信息技术为纽带的、产业链的上下游产业的重组融合，融合后生产的新产品表现出数字化、智能化和网络化的发展趋势，如模糊智能洗衣机、绿色家电的出现就是重组融合的重要成果①。

产业融合后，不同产业中企业间的竞争使原来的产业管制失去意义。要研究新的管制方式，按照产业融合的要求重组管制机构，制定新政策法规。必须大力发展高新技术，促进信息技术的融合。发展高新技术的主体是企业。业务融合和市场融合是产业融合的必要前提。企业必须不断开发新产品，开拓新市场；采取兼并联合、战略联盟等手段提高企业技术研发水平、整合业务和市场能力；同时要注意企业并购后的整合，注意企业内部重组。

（四）基于电子商务的产业融合

1. 由"资讯娱乐"走向"电子商务"

近年来，随着市场成熟度的不断提升和境内外投资力度的不断加大，以及政策环境和技术条件的不断完善，电子商务的模式创新和应用创新能力不断提升，在线交易、电子支付、电子认证、现代物流等领域关键技术及装备的研究开发取得突破性进展，行业、区域及中小企业的第三方电子商务交易与服务平台加快发展，基础电信运营商、软件供应商等涉足电子商务服务，新型业务模式不断涌现。

赛迪顾问数据显示，2015 年中国互联网网民渗透率达到50% 以上，李开复指出中国已经成为互联网最大市场。我国互联网整体市场规模达到万亿元级，其中移动互联网市场规模增

---

① 余东华：《产业融合与产业组织结构优化》，《天津社会科学》2005 年第 3 期。

长快速，2015 年增长 76.9%，移动互联网市场规模达到 3776 亿元①。由于互联网的强劲发展，越来越多的传统行业企业开始重视互联网的商业价值，加大在电子商务方面的投入，互联网因此从单纯的媒体资讯平台，逐渐成为企业经营管理和销售平台。互联网与电子商务咨询中心总经理陈文认为，互联网将加速与传统行业的融合，互联网的产品和技术逐渐朝企业级应用发展，电子商务的应用服务也将向企业化、行业化、专业化发展，为企业解决问题，降低运营成本，提升竞争力。

融合应用频登场。电子商务将更广泛地融合互联网应用，包括搜索、IM、Web 2.0 等，来提升用户体验，促成最终交易。2009 年 10 月，搜索巨头百度宣布进军 C2C 轰动一时；网盛"生意人门户及搜索平台"的定位也体现了电子商务平台与搜索的紧密结合；雅虎、谷歌等搜索企业不会坐视百度 C2C 的表现，必定加快自身在电子商务领域的探索脚步；而 IM 企业的代表腾讯，则会继续加大在电子商务方面的投入，力求借由庞大的用户规模带来可观的交易额；众多 Web 2.0 企业需要努力寻找电子商务的切入点，以解决盈利问题；门户网站也将开始考虑如何利用流量优势，通过电子商务来摆脱单一盈利模式的束缚。

2. 行业网站渐成主流

国家统计局数据，2014 年，中国电子商务市场延续了良好的发展势头，交易额高速增长，且同比小幅加速，全年估计达 16.39 万亿元，同比增加 65.9%。其中，在企业自建的电商平台（简称纯自营平台）上实现的交易额为 8.72 万亿元，同比增长 65.9%；在为其他企业或个人提供商品或服务交易的电商平台（简称为纯第三方平台）上实现的交易额为 7.01 万亿元，同比增长 53.8%；在既有第三方又有自营的混营平台（简称混营

---

① 《创业板降低 IPO 门槛 互联网企业国内上市热情点燃》，2008 年 2 月，中国证券报（http：//www. globalipo. cn/news/ReadNews. asp？NewsID = 19334）。

平台）上实现的交易额为 0.66 万亿元，同比增长 41.1%。中国电子商务投资市场将迎来新一轮的发展高潮①。在此形势下，电子商务正在逐步成为外贸、能源、制造、金融等行业业务发展的重要途径，行业电子商务呈现出蓬勃发展的良好态势，形成了初具规模的电子商务服务业，为我国现代服务业增添了新的特色。同时，电子商务在与传统行业融合中将达到一个新高度，把线下产业集群链转移到互联网形成产业链核心。

目前我国大型 B2B 电子商务服务商是以信息流为主的第三方电子商务服务信息提供商，买卖双方通过平台了解卖方产品、规格、价格、服务等内容，借助互联网或电话等进行简单沟通，而电子订单、电子支付、在线交易等依然很不成熟、很不完善。行业网站一直难以获得长足发展，要么是加入联盟，要么就是背靠机构，很难有独立生成的。近年来，行业电子商务平台成为沟通产业链上下游企业的重要环节、企业招标采购信息的发布中心；钢铁、化工、橡胶等行业的电子商务平台在中国获得初步成功；保险、金融、旅游行业电子商务呈现出加速发展的势头，电子商务向传统行业渗透趋势日益显著。行业电子商务网突破传统的资讯、研究等局限，开始引入产品库、行业库、行情库、企业库，甚至有很多加入交易、支付功能。因此，垂直型网站服务和专业化网站服务将成为各个 B2B 公司和大型企业争夺的焦点。

根据估算，2015 年我国行业网站年平均营业收入约为 893 万元，同比增长了 56%，年平均利润率约为 27%，远远高于传统行业。据相关专家介绍，上网企业年均销售额的近 22% 来自电子商务，有超过 2/3 的企业将电子商务投入纳入常规预算。这表明这些企业已经步入了主动型电子商务应用期。从应用结果看，近 60% 的企业增加了客户，51% 的企业实现了销售量增

---

① 中国 B2B 研究中心：《工业化与信息化融合提速 电子商务正生逢其时》（http://industry.ccidnet.com/art/1544/20080520/1452423_1.html）。

长，近 50% 的企业扩展了销售区域，46% 的企业降低了营销成本，35% 的企业降低了运营成本[①]。

3. 传统企业将成主角

当网络力量最初崛起的时候，电子商务的发展对传统产业的阵地形成了严重的冲击，那时我们耳熟能详的论点便是"电子商务 VS 传统行业"，或是"电子商务颠覆时代的来临"。当 21 世纪之初，互联网在经历了严冬之后卷土重来时，已是"电子商务 + 传统行业"，不再是冲击与颠覆，而是携手合作的"融合互助"。如今，在互联网产业，特别是电子商务服务商的推动下，越来越多的传统企业开始重视网络购物市场的发展潜力，纷纷借助网络来开辟新的营销渠道。电子商务与传统产业的深度结合正在改变着企业生产经营的组织形态，已成为企业加强资源整合和广泛开拓国内外市场的重要手段[②]。

其一，传统企业开始逐步展现自己在电子商务方面的实力，越来越多的传统企业开始进行行业网电子商务营销，占领行业的话语权和营销。传统企业拥有互联网企业所没有的行业经营、生产能力等，具备电子商务方面的天然基因。传统产业成为电子商务的主体，不仅以极大的商业敏感运用电子商务的手段，加上商人的智慧、眼光和胆量，为现代商业寻找到更多赚钱的获利点和创收点，让网络释放更大的能量，而且在这种崭新的营销进程中，调整着传统商业运作模式，加快了电子商务和传统产业的融合。传统企业进入电子商务有自身的独特优势：传统企业做电子商务，有着立足实地信用好、推广品牌威力强、起步成本很低廉、拥有既定用户群、独特资源显神通这五方面的天然优势，将会形成"更便宜、更有效、更强大"的经济效

---

① 中国 B2B 研究中心：《工业化与信息化融合提速 电子商务正生逢其时》（ht-tp：//industry. ccidnet. com/art/1544/20080520/1452423_ 1. html）。

② 洪黎明：《电子商务与传统产业深度融合》，《人民邮电报》2009 年 6 月 3 日第 5 版。

益。据统计，截至 2016 年 1 月，有 3200 多家行业网站在中搜行业中国平台上开始积极运营，每个行业网背后都是传统行业的领军企业，同时，有超万家企业开始自建行业电子商务网。传统企业真正充当电子商务主角的日子已为期不远。

其二，电子商务巨头向传统产业拓展。在金融危机对实体经济影响加深、企业对电子商务需求迫切的激励下，如必联采购网这样的电子商务新军，以及阿里巴巴、慧聪这样的传统 B2B 巨擘，纷纷将新开发产品、新拓展市场的重心转移到与传统产业的结合点上，针对生产制造型企业推出了各种类型的采购、贸易类电子商务平台。如阿里巴巴就推出了 EP8 电子商务采购平台，帮助采购商（需求方）与供应商（供货方）之间建立起供应链协同平台，让采购透明、跟单轻松、送货准时、对账清晰、权责明确，从而大幅降低采购成本、提高采购效率。2015 年下半年以来，涉及各个传统行业的采购网站如雨后春笋般冒出，出现了 MFG 纺织采购网、中国钢铁采购网诚信交易联盟、中国砂岩雕塑采购网、中国电气市场采购网、中国金融设备采购网等。据悉，目前浙江、江苏、广东、福建等沿海地区都已先后与阿里巴巴公司联手，分别在当地中小企业中全面推进电子商务普及工程。"浙江专区""江苏专区""广东专区""福建专区"等现在都在用统一区域品牌，帮助中小企业拓展全球营销渠道。

电子商务企业与传统企业的结合，将彻底改变产品同质化的现状，在电子商务行业内开辟新的"蓝海"；同样，也将改变传统企业的生产方式，使数字化定制生产变成可能，以满足消费者的越来越多样化、个性化的需求。电子商务使数字化定制生产变得简单可行，企业通过构建各种数据库，记录全部客户的各种数据，并可通过网络与顾客进行实时信息交流，掌握顾客的最新需求动向，企业得到用户的需求信息后，即可准确、快速地把信息送到企业的设计、供应、生产、配送等各环节，各环节可及时准确又有条不紊地对信息做出反应。另外，两者之间的结合，也将去掉工业经济时代中，横跨在企业与消费者之间的批发商、零售商环节，缩短了企业与用户需求之间的距离，同时也大大减少了各种经济资源的消耗，使人类进入了"直接经济"时代，并且可以实现企业梦寐以求的"零库存"目标。

中国网库 CEO 王海波对此指出，真正的 B2B 电子商务就应该像沃尔玛、家乐福那样，是在网上真正实现批量采购，且和传统产业进行紧密结合的。

4. 电子商务成为"两化"融合的重要抓手

近年来中国电子商务发展的内在动力持续增强，步入了务实发展的轨道。电子商务的应用已见成效，模式创新和技术创新能力不断提升，已经成为促进信息化与工业化融合的重要手段。国家发改委会同有关部门起草的国民经济和社会发展信息化"十二五"规划及"十三五"意见稿等，对中国电子商务的发展做了全面的部署，明确地指出电子商务是网络化的新型经济活动，其核心是通过电子商务的发展，促进网络经济与实体经济的高度融合，促进信息化与工业化的融合。全国人大原常委会副委员长蒋正华指出，中央确定了"信息化带动工业化"道路的特点之一，就是要以电子商务来节约交易成本，提高效率，改善业务流程，推动管理创新、体制创新和服务创新，实现生产经营方式和经济增长方式的转变。所以加快电子商务的发展，是我国提高驾驭市场经济能力的一个重要的战略决策。近几年政府机构调整，也反映了中央对信息技术的高度重视。众多专家由此提出，电子商务步入务实发展轨道，加大了与传统产业的结合、渗透力度，在大型企业、中小企业乃至网民中得到更加广泛和深入的应用，这些迹象越来越显现出电子商务正成为工业化和信息化融合发展的重要抓手。

三　电子商务促进企业变革

电子商务是基于以互联网为主的信息技术的商务活动，包括商务信息、管理和交易，包括企业之间，也包括企业内部。ERP（企业资源计划）主要涉及企业内部的资源整合，供应链管理主要涉及跨企业的资源整合。电子商务条件下的企业变革源于企业信息交流方式的改变。从纸张、印刷术、电报到互联网，人类社会每一次信息工具的进化，都必然地促进了包括商务活动方式在内的人类活动方式的进化。互联网对企业的规模、组织、管理和业务流程产生了深刻的影响[1]。

（一）电子商务条件下企业边界发生变化

科斯（R. H. Coase）将企业组织视为一种与市场机制相替代的资源配置方式，它依赖于"企业主"和雇员之间不对称的权利安排，而市场则是通过非人格的价格机制进行调节。由于市场运行要花费分散的直接定价成本，而"通过成立一个组织、允许某一权利（企业主）指导资源配置可以节约某些成本"[2]，因此企业组织的产生就决定于市场定价成本和企业内官僚成本之间的平衡关系。张五常认为，企业和市场是不同契约安排的两种不同形式，两种合约安排的选择取决于对投入替代物定价所节约的交易费用是否能够弥补由相应的信息不足而造成的损失[3]。因此，企业边界由发现相关价格并进行谈判的成本和实施权利成本之间的平衡来决定。同时，企业对市场的替代，即企业规模的扩张是有限度的，企业组织的边界也是动态变化的。"企业持续扩张，直到在企业内组织一项交易的成本等于通过公

---

① 梁春晓：《电子商务条件下企业如何变革》，《经理人》2002 年第 10 期。

② R. H. Coase, "The Nature of the Firm", *Economica*, Vol. 4, No. 16, 1937, pp. 386 – 405.

③ 张五常：《经济组织与交易成本·经济解释》，商务印书馆 2001 年版，第 407—415 页。

开市场上的交换方式进行同一交易的成本或在另一企业内组织它的成本。"

在经济社会中，企业和市场都是人与人之间的一种分工方式，信息交流环境的变化则在两个层面对这种分工方式产生了影响。其一，是采用企业形式还是采用市场形式；其二，在生产效率一定的情况下，信息交流环境会进一步影响到企业内部或市场内部的分工形式，也就是说，具体采用什么样的企业管理模式和什么样的市场交易模式。Internet 已经成为众所周知的方便、快捷的联络方式。诸如电子邮件、网上电话、网上传真、网上寻呼等功能的实现，使 Internet 成为进行电子商务的极好工具。另外，Internet 也成为新的传播媒介。作为一种广义的、宽泛的、公开的和对大多数人有效的交流方式，Internet 具有访问成本低、可随时随地访问、传播便捷以及时空上的独立性。而且网络传播信息有着双向性的特点，客户根据自己的需要获取信息，提出疑问，没有时间、地域的限制。电子商务为企业的商务活动营造了一种新的信息交流环境，对企业外部和内部的影响非常复杂，既降低了企业的外部交易成本，也对企业组织、管理体系和业务流程产生了深刻影响，降低了企业的内部管理成本。一方面通过降低交易成本缩小企业规模，另一方面又通过降低管理成本扩大企业规模。

（二）电子商务条件下企业组织创新

一般组织形式的演进是两种力量综合作用的结果：一是组织内部结构重新协调、重新设计；二是组织外部环境、条件发生变化对组织的结构运行提出新的调整要求。在市场经济中，当外部环境条件发生变化之后，组织的内部结构也必须相应地发生变化，建立具有旧组织所不具备的适应外部环境的要素和特质的新组织。作为一个自组织系统，为了与企业所处的经济环境、技术条件和水平相适应，企业组织（包括企业的内部组织形式和企业之间的外部组织关系）一直都处在不断地动态调整之中。进入 20 世纪 90 年代以来，全球经济环境发生了急剧的变化，世界经济全球化、网络化、知识化，基于互联网的全新的商务形式"电子商务"迅猛发展。以互联网为基础的电子商务改变了企业间、企业内部、企业与消费者间传统的联系方式，使企业内部、企业间、企业与消费者之间的沟通与联系更加迅速与便捷。

电子商务改变着世界，互联网改变了信息的传递方式，而这种改变最重要的是企业管理组织的变革。

以互联网为基础的电子商务正在给企业传统的组织形式带来很大的冲击。它打破了传统职能部门依赖于通过分工与协作完成整个工作的过程，产生了并行和团队的思想。除了市场部和销售部与客户打交道外，企业的其他部门也可以通过电子商务网络与客户频繁接触，从而改变了过去间接接触的状况。在电子商务条件下，企业组织单元间的传统边界被打破了，生产组织形式将重新整合，开始建立一种直接服务于顾客的团队。这种团队的组织模式与市场直接接轨，以市场的最终效果衡量自己生产流程的组织状况和各组织单元间协作的好坏。这样，在电子商务环境下，由于信息资源的共享、部门的协同工作，企业的组织机构逐步由传统的"金字塔"组织方式向水平化、网络化组织结构发展。

由于电子商务的推行，企业的经营活动打破了时间和空间限制，将会出现一种完全新型的企业组织形式——虚拟企业。这种虚拟企业打破了企业之间、产业之间、地区之间的界限，把现有的资源优化组合成为一个没有围墙、超越时空约束，利用电子手段联系、统一指挥的经营实体。

互联网络的高度发达和电子商务的迅速发展对企业组织产生了深远的影响，企业组织扁平化、柔性化、虚拟化的趋势催生了各种形态的企业组织，如虚拟组织、网络联盟、集群组织、增值伙伴、学习型组织、灵捷企业、模块公司等，而这些新型的、不同形态的企业组织其共同的、基本的特征是网络化，也可以说是新的组织构架——"网络组织"的不同模式。

网络组织，作为企业的一种组织形态，早已萌芽。从现代企业诞生之日起，企业之间就存在着超越市场交易关系的密切合作的伙伴关系，我们可以认为这是企业网络组织的雏形。随着社会经济资源环境的不断发展，这种关系在不断地被加强。特别是进入20世纪90年代之后，基于互联网的电子商务的兴起和发展，促进了企业网络组织的进一步发展，并赋予企业网络组织新的内涵和时代特征。

企业网络组织是由多个企业为了共同的任务而组成的有机联合体，它的运行不是靠传统的层次控制，而是通过网络和电子商务，以便捷的多边联系和交互式的合作来完成共同追求的目标。互联网络是企业运行的平台。互联网络的基本构成要素是众多节点和节点间的相互关系，在企业网络组织中，节点可以是个人、企业或企业部门，每个节点之间都以平等身份保持着互动式联系。如果某一项目需要若干节点的共同参与，那么它们之间的联系会有针对性地加强。便捷的多边联系和充分的合作是网络组织最主要的特点，而这正是其与传统企业组织的最大区别所在。在新型商务形式下，企业网络组织又显现出一些新的特征。主要表现在以下三个方面。

1. 企业组织边界更模糊

传统企业为了开展经营活动，往往拥有从原材料供应到运输、后勤、服务等一系列完整的功能，结果使得企业规模过大，面对迅速发展的市场，企业反应迟钝。而以互联网和电子商务技术为经营平台的新型企业，在由独立的供应商、制造商、生产商和顾客以各自独立的优势为节点而组成的网络中，往往是出于自身的某种战略考虑或需求而临时组建的动态合作方式。这种网络关系打破了传统企业间明确的组织界限，形成了一种"你中有我，我中有你"的网络形式，企业间的业务关联度越来越强。此外，企业内部结构和外部结构逐渐趋于融合，一体化的网络组织能够借助电子商务技术得以顺畅运行，同时也促使企业内部职能部门跨功能地、更紧密地联系并加强与购买者、供应者的关系，从而导致边界的相互渗透。可以说，企业既有边界又没边界，企业内部网络与外部网络融为一体，传统的纵向一体化运营越来越被横向一体化、虚拟一体化运营所替代。

2. 企业内部组织结构趋向精简

若从产业价值链的角度来看，现代企业竞争优势已经超出单个企业自身的能力和资源范围，它越来越多地来源于企业与产业价值链上下各环节的有效整合中，价值链上所有节点企业都是合作伙伴。也就是说，现代企业的竞争优势来源于产业价值链上的战略环节或称关键节点，是价值链上的制高点，占据了价值链上的关键节点也就抓住了整个价值链。这就使得企业的利益机制发生变化。企业利益最大化被产业链利益最大化所取代，企业的利益不再完全取决于自身的努力，而是还需要和渠道伙伴进行密切的协作才能获得。因此，企业便集中精力将有限的资源用于保持和发展企业自身的竞争优势上，而将不具竞争优势的附加值低的非战略环节分离出去，虚拟化，扩散到网络中去，借助于其他网络成员的力量予以整合，从而促使企业大大精简内部组织机构，缩小企业自身的规模。这有助于企业形成持续创新、不断学习、适应调整的核心竞争能力，以应对价值链上价值重心的不断转移和变化，使企业始终处在高价值的战略环节中，保持持久的竞争优势。

良好的企业组织形式是提高经营活动的效率、培育竞争优势的保证。在不断变动的经济、技术与文化环境中，企业只有通过对其内、外组织形式进行持续的适应性调整与前瞻性创新，才能保证其经济活动的相对有效率。随着电子商务活动的广泛渗透和社会分工的日益细化，企业内各个部门之间、相关企业之间、企业与顾客之间的联系与依存越来越紧密，协作与沟通越来越重要，因而构建与之相适应的企业网络组织（包括内部网络组织和外部网络组织）是企业赖以生存和发展的基础。

3. 企业组织决策更趋分权

决策权的分配问题是企业组织变革的一项重要内容。信息传递成本是指将有关决策的专门知识从信息源转移给决策者所产生的费用。代理成本则是决策权在委托代理过程中所产生的费用。在传统的科层组织结构中，企业内部管理层级较多，委托代理链较长，从代理成本的角度考虑，采用集权的组织结构决策成本较低；另外，由于专门知识主要集中于中、高层管理者，采用集权的组织结构也不会导致较高的信息传递成本。由于电子商务加剧了市场的竞争，快速反应成了企业的制胜法宝，这就要求企业的基层员工（与市场、消费者距离最近）必须具备必要的相关知识，并能对环境的变迁、消费者的需求做出"即时"反应，企业的专门知识主要集中于基层。因此，电子商务环境下，企业采用的是分权的网络组织结构形式。

由于信息网络的高度发达，企业之间的合作关系突破了传统的合作关系，企业通过网络，应用电子商务技术进行分散的、互利的合作，一旦合作目的达到，合作关系便宣告解除。这种暂时的、跨越空间的合作形式，通常被称为"虚拟"化。"虚拟"一词源于计算机技术，是指本身不是一个真正的物理存在，而是借用软件实现的存在，能制造出栩栩如生的图像、声音、文字等三维场景。虚拟技术移植到企业经营上，是将处于不同地域的人和物，通过信息网络连接起来，为一个共同目标而合作。通过虚拟，企业不必再雇用许多员工、组建固定的组织机构、投入大量资金建造工厂、购置设备，只需少量的技术人员和管理人员，就能够完成新产品的决策、研发、生产、销售及会计核算等。企业之间，可以选择合适的虚拟方式如委托、外包、兼并、购买、联合、结盟、合资等，借用外部力量对企业掌握或控制的资源重新进行整治组合，进而达到能量的聚合裂变，形成新的功能或增强完善原有的功能，产生新的竞争优势。虚拟化使企业超越了物理空间和组织制度限制，通过信息网络实现了技术互补、资源共享、风险分担，以达到低投入高产出的利润最大化的根本目的。

（三）电子商务条件下企业管理变革

随着电子计算机的普遍应用及互联网的迅速发展，以互联网为基础的现代信息传播手段，不但实现了在全球范围内的信息实时传播，而且可传播的信息种类更广，更富表现力，包括数字、声音、图像等，信息传递不但可以实现双向交互，而且可以实现一对多和多对多的交互，信息无须经过中间环节就可以到达沟通的双方。电子商务的蓬勃发展，既对企业管理提出了挑战，也为企业管理的深刻变革提供了条件。

1. 企业管理扁平化

随着市场环境越来越不确定，市场竞争越来越激烈，如何减少管理层次，提高企业管理效率成为影响企业绩效的一个重要因素。传统的组织结构是金字塔式、自上而下、递阶控制的层级结构。在这种组织结构中存在着一支庞大的将信息"上传下达"的中层管理人员队伍。在企业规模一定的情况下，减少管理层次即意味着扩大管理幅度，而每个管理者的管理幅度又是有限的（如7—8人），这是两难。电子商务为解决这一难题创造了条件，在管理决策中，既有必须运用管理者经验、智慧甚至艺术的非结构化决策，也有可以完全按照既定规章和程序进行的结构化决策。电子商务的实施，MIS、ERP、SCM和CRM等系统的应用将优化企业的信息过程，大大提高企业的信息收集、处理和传递的能力，缩短了组织的高层与基层之间的信息传递距离，减少了信息处理的模糊性和不确定性。企业信息系统承担了以前由中层管理人员所负责的许多沟通、协调和控制方面的职能，将某些以结构化决策为主要任务的部门完全替代，减少了中层管理人员，管理者可以集中精力于非结构化决策，从而扩大管理幅度，降低管理层次，实现管理的扁平化。

传统的企业组织结构表现为金字塔形的层级结构，即决策层、管理层和作业层。位于顶层的决策者，他们的指令通过一级一级的管理层，最终下达到执行者；基层的信息通过一层一层的筛选，最后上达到最高决策者。庞大的管理中层的存在，一方面是在信息处理能力有限的情况下，负责信息的收集与传递，起到信息"中继站"的作用；另一方面则因为管理跨度的限制，中层管理人员负责对作业层人员的监督与控制。而在新型商务形式下，信息处理效率大幅度提高，计算机网络的每一个节点都可以及时收集、汇总、处理数据和信息，各种计算机辅助管理手段和电子商务技术的应用不仅提高了管理人员的管理效率，也减弱了中层管理人员的作用，这使得传统组织结构中的中层管理人员失去了存在的基础。为此，企业必然会减少中间管理层次，压缩职能机构，裁减中层管理人员，使企业组织趋于扁平化。

2. 企业管理柔性化

柔性组织就是具有不断适应和调整能力的组织，组织的对外开放性可以通过其运作过程中的知识积累与进化以及对环境变化的预期来实现组织目标、战略和行为规范等要求之间的重新选择与整合，与环境发展趋同。电子商务的实施，ERP、SCM、CRM、MIS 等都具有较好的开放性和环境适应性，随着这些管理理念及技术的进一步发展和完善，将会大大提高企业生产经营的个性化、柔性化水平，减少决策与行动之间的时间延迟，加快对市场和竞争动态变化的反应，从而降低了投资过程中的风险成本，提高了企业组织结构的柔性。在电子商务这一新的变革力量驱动下，企业组织结构不应当是笨重、稳定的传统结构，而应是高度弹性、高度流动性、高度分权的柔性组织。

面对动态的、变化不断而又必须去适应的外部环境，越来越多的企业意识到以"变"制动的重要性和必要性。为了使企业具有参与国际竞争、适应外部变化并及时做出反应而迅速进行调整的能力,许多企业将各个业务部门相对独立起来,各业务部门与核心机构处于一种平等的地位上。各业务部门之间相互组成联盟,彼此相互依赖,在关键技术和难题的解决上相互帮助。核心机构的职能是针对竞争环境的变化适时调整组织战略,通过组织文化建设来创造凝聚力,使各个业务部门互相合作,确保统一任务和目标的完成。组织中的各项具体业务由各个业务部门完成,核心机构为各业务部门顺利完成各项工作提供支持,而各业务部门之间以及与核心机构的协作交往是基于彼此互联的计算机网络和电子商务技术。这样的组织结构具有较强的适应变化的能力和特性,即所谓的"柔性"化。

3. 企业管理决策分权化

在企业管理中,决策权的分配关系到企业经营的绩效。在实施决策的过程中所付出的由决策权分配形式所决定的代价称为决策成本,决策成本包括信息传递成本和代理成本,企业是采用集权还是分权的组织结构,就是对这两种成本的权衡。信息传递成本和代理成本随集权和分权程度的不同而不同,决策权的最优分配决定于这两种成本之和即总决策成本的大小。在电子商务新型环境下,企业组织结构趋于扁平化,管理层次减少,职能机构精简,委托代理链缩短,决策的代理成本大幅度降低,于是信息传递成本的高低就成了决策权分配的主要因素。与扁平型组织相适应,赋予一线管理人员更多参与决策的权力,决策权从工业经济的集中化向网络经济的分权化转变,可以打破官僚主义和等级制度,减少信息传递次数,降低信息传递成本,提高管理效率。

第三节　企业竞争优势理论综述

竞争优势概念最早是由英国经济学家张伯伦(E. Chambei-

lin）在《垄断竞争理论》（1939）中提出的，之后逐渐被广泛
使用。世界经济的信息化、全球化正以不可阻挡的力量拓展着
企业面临的竞争市场范围，竞争优势成为企业在复杂、激烈的
竞争环境中求得生存与发展的关键。随着人们对市场环境、企
业战略研究的深入和拓展，学者对企业竞争优势的认识也仍然
处于不断修订与完善之中。

一　企业竞争优势来源理论

科斯（1937）认为，市场交易摩擦会产生交易的费用，企
业的作用就在于其能够节约市场交易费用，即在存在交易费用
的情况下，企业产生于对价格机制的边际替代。企业的最佳边
界就在企业内部交易成本与外部市场交易成本相等时的企业与
市场的边界上。管理学与经济学最本质的区别就在于：管理学
的研究视角是以企业为核心，而经济学的视角是以市场为核心
（钱得勒，1992）。企业在市场中生存、发展，其又独立于市场。
因此，有必要综合运用经济学、管理学两种视角对企业竞争优
势进行研究。

（一）企业竞争优势外部理论

企业竞争优势外部理论是指企业竞争优势主要由企业外部的
某些因素决定。外部理论遵循新古典经济学的假设，将企业视为
"黑箱"，是一个"生产函数"，即同质技术上的投入产出系统。
为修正完全竞争模型假设的局限，强调市场结构的不完全性。

梅森（E. S. Masson）和贝恩（J. S. Bain）的 SCP 范式提出
了现代产业组织理论的三个基本范畴：市场结构（Structure）—
市场行为（Conduct）—市场绩效（Performanee）（简称 SCP 范
式），认为这种企业绩效的差异是由市场结构和市场行为所决
定的。

波特的企业竞争优势理论认为，决定企业盈利能力的首要
和根本因素是产业的吸引力。任何产业，无论是国内或是国际

的，无论生产产品或提供服务，竞争规律都体现在五种竞争作用力当中：新的竞争对手入侵、替代品的威胁、客户的议价能力、供应商的议价能力以及现有竞争对手之间的竞争。这五种竞争作用力综合起来决定某产业中的企业获取超出资本成本的平均投资收益率的能力，因为它们影响价格、成本和企业所需的投资——即影响投资收益的诸多因素。五种作用力中的任何一种都由产业结构或产业基本的经济和技术特征决定。同时，波特认为，产业结构相对稳定，但又随产业的演进过程发生变化。结构性转变会影响竞争作用力的总体或相对力量，并且也会对产业盈利能力产生正面或负面的影响。

（二）企业竞争优势内部理论

所谓企业竞争优势内部理论是指企业的竞争优势主要来自企业内部的异质性资源和能力。其理论前提是解构生产函数中的"企业黑箱"，深入企业内部，认为资源、能力、技术等在不同企业内部的分布是异质的，且这种差异性具有持续性，强调无法通过市场交易获得，只能通过企业内部积累。

1. 基于资源和能力的企业竞争优势

潘罗斯（Edith Penrose，1959）在《公司成长理论》（*The Theory of the Growth of the Firm*）中，将企业看作由一系列具有不同用途的资源相联结的集合，每个组织都是独特的资源和能力的结合体，这一结合体形成了企业竞争战略的基础。一个企业能否获得高于平均收益水平的投资收益率很大程度上取决于企业的内部特点，企业累积性知识的差异构成了企业竞争优势不同的基础。因此企业竞争战略的重点不是放在外部环境分析和行业选择上，而是如何培育企业独特的战略资源。潘罗斯的理论为基于资源基础的竞争优势理论提供了开拓性思想。1984年，伯格·沃纳菲尔特（Birger Wernerfelt）的《企业资源基础论》（The Resource Based Theory of the Firm）一文对以资源为基础的竞争优势理论进行了系统阐述，认为企业是由一系列资源束组成的集合，企业的竞争优势源自企业所拥有的资源，尤其是一些异质性资源。外部的市场结构与市场机会对企业的竞争优势产生一定影响，但并不是决定性因素。

1990 年，帕拉哈拉德和哈默在《哈佛商业评论》上"企业核心能力"一文中，将企业的核心能力明确定义为"企业组织中的积累性常识，特别是关于如何协调不同生产技能和有机结合多种技术流的学识"。提出，竞争优势的真正源泉在于："管理层将公司范围内的技术和生产技能合并为使各业务可以迅速适应变化机会的能力。"强调企业内部行为和过程所体现的特有能力。强调从识别、培养、应用和提升企业内部的生产经营及其过程中的独特能力出发，来制定和实施企业的竞争战略。该文的发表标志着企业能力理论进入了又一个新的历史发展阶段——核心竞争力的战略理论阶段。

2. 基于技术创新的竞争优势理论

在熊彼特的"创造性毁灭"理论中，"开启资本主义发动机并使其不断运动的推动力来自新的消费品，新的生产或运输方法，新的市场和资本主义企业所创造的新的工业组织形式"。动态竞争条件下的实质性市场竞争不是传统的价格竞争，而是创新竞争。以企业为主体的创新活动是经济进化的动机。正是从这个意义上说，我们认为企业的竞争优势很大程度上来源于企业的技术创新活动。达韦尼（Richard Daveni，1994）提出的超级竞争（Hyper Competition）理论模型，可以视为在新的历史条件下即动态环境或超竞争环境下对熊彼特创造性破坏理论的继承与发展。达韦尼认为，在动态竞争的条件下，企业任何的竞争优势都是暂时的，而不是可以长期保持的；有效的竞争者不是维持竞争优势，更重要的是及时地建立新优势，企业的竞争优势来源于创造性的破坏。

3. 企业竞争优势的价值链理论

虽然波特认为产业选择对企业的投资收益率具有重要影响，

但他同时提出在产业结构并不理想、产业的平均盈利能力不高的情况下，定位合适的企业仍然可能获取很高的投资收益率。波特引入价值链概念作为分析企业如何通过战略活动赢得竞争优势的基本工具。

企业拥有两种基本的竞争优势：低成本和差异性。一个企业所具有的优势和劣势的显著性最终取决于企业在多大程度上能够对相对成本和差异性有所作为。如果企业能够创造和维持全面的成本领先地位，它只要将价格控制在产业平均或者接近平均的水平，就能够获取优先于平均水平的经营业绩。在与对手相比相当或相对较低的价位上，成本领先者的低成本地位将转化为高收益。当一个企业能够为买方提供一些独特的、对卖方来说其价值不仅仅是价格低廉的东西时，这个企业就具有了区别于其竞争厂商的经营差异化。区别可以使企业控制溢价，使其在一定价格下出售更多的产品，或者在周期性或季节性经济衰退时，获得诸如买方忠诚等相应的利益。

将企业作为一个整体来看无法认识竞争优势。每一个企业都是用来进行设计、生产、营销、交货以及对产品起辅助作用的各种活动的集合。所有这些活动都可以用价值链来表示。波特认为，竞争者价值链之间的差异是竞争优势的一个关键来源。它可能来自价值活动本身，价值链内部联系和价值链的纵向联系。这些活动中的每一种都对企业的相对成本地位有所贡献，并且奠定了差异化的基础。企业获得竞争优势的办法可以是重构企业价值链、上下游价值链、联盟、专一化、寻求战略协同等方法，提高价值，降低成本。

二　企业竞争优势界定

虽然学者们已经对企业竞争优势的来源进行了深入的理论研究，对企业竞争优势的概念也有所涉及，但是，目前仍缺乏对企业竞争优势完整、统一的概念。

（一）企业竞争优势的概念评析

Calcagno 认为，竞争优势是战略实施的结果，该战略能够帮助企业获得和保持有利的市场位势，这种有利的市场位势往往可以转化成为高于竞争对手的经济利润[1]。Bharadwaj 等也指出，竞争优势可以由企业通过实施一项没有被当前或预期的竞争对手所同时实施的价值创造战略而产生，也可以通过比竞争对手更好地实施相同的战略而产生[2]。此概念从企业战略与竞争优势的关系出发，认为竞争优势是企业战略定位及实施的结果。虽然明确指出了战略运用是企业获取竞争优势的途径，却没有回答企业竞争优势是什么、由什么构成等根本问题。

日本学者大前研一关于企业战略就是以最有效的方式努力提高公司相对于它的竞争对手的实力的观点，提出企业竞争优势实质上是一种比对手强的相对实力，其直接表现就是能够使企业获取超出行业平均水平的利润，也就是说，比竞争对手具有更强的盈利能力。此概念，明确了企业竞争优势的根本目的，却忽视了获取企业竞争优势的手段和基础。

波特认为，竞争优势归根结底来源于企业为客户创造的超过其成本的价值。价值是客户愿意支付的价钱，而超额价值产生于以低于对手的价格提供同等的效益，或者所提供的独特的效益补偿高价而有余。波特虽然明晰了企业竞争优势的构成与来源，却没有对企业竞争优势进行明确的界定。

Hoffman 在综合了大量相关持续竞争优势的界定基础之上，提出："持续竞争优势是指特定企业通过实施某独特的价值创造战略而获得的持久利益，该价值创造战略没有被当前或预期的竞争对手所同时实施，这些竞争对手也没有能力来复制由该战

---

① 刘瑛：《浅析电子商务消费心理》，《科技创新与应用》2013 年第 11 期。

② P. Weill and M. Vitale, "From Place to Space: Migrating 10 Atomic e-Business Models", *Harvard Business School Press*, Vol. 12, 2001.

略带给企业的利益。"①虽然拓展了价值创造的企业竞争优势概念，提出了竞争优势持续性问题，但企业实施独特价值创造战略并避免对手模仿的基础仍不明晰。

（二）企业竞争优势的概念界定

考察以上对企业竞争优势的概念的界定，尽管上述关于企业竞争优势的定义或概念在表述上有所差别，但是其基本内涵却是一致的，所谓的企业竞争优势就是企业在市场竞争过程中取得的，相对于其他企业的优越性状态。综合前人的研究，经过上述分析比较，笔者认为对企业竞争优势概念的完整界定要明确企业竞争优势的构成、来源和目的。

本研究综合有关企业竞争优势概念界定和企业竞争优势来源的不同观点，对企业竞争优势的界定如下：企业竞争优势是企业通过在价值活动中实施企业战略，为顾客创造超额价值，产生成本和差异化优势，使企业达到持续获得超出行业平均利润水平的状态。这一定义的含义包括以下几个要点。

第一，企业竞争优势来源于竞争者价值链之间的差异。企业可以通过重构企业价值链、上下游价值链、联盟、专一化、寻求战略协同等方法，提高价值，降低成本。清晰地指明了提高企业竞争优势的着眼点。

第二，企业竞争优势的核心是由为顾客创造的超额价值构成。价值是顾客愿意支付的价钱，而超额价值是指以低于对手的价格提供同等的效益，或者所提供的独特的效益超出较高价格部分。企业只有能够为顾客创造超额价值，才能实现更大的销售，或者在经济萧条情境下保有顾客忠诚。

第三，企业竞争优势对于企业的价值，或者说企业争取竞争优势的目的，就是使企业获得超出行业平均利润水平。市场

① N. P. Hoffman, "An Examination of the Sustainable Competitive Advantage Concept: Past, Present, And Future", http://www.amsreview.org/articles/hoffman, Vol. 4, 2000.

经济中的企业本身就是"经济人"，企业生存与发展的核心目标就是追求更高的利润水平。企业所有的活动都围绕这一目标展开，竞争优势也是企业实现其利润目标的过程之一。

第四，企业竞争优势不仅是一种相对竞争对手的优越状态，而且是一种持续的市场表现。这是企业不断适应经济环境的发展变化，实现长期生存、发展，持续获得较高利润水平的需要。

第四节　物流服务理论综述

纵观物流服务质量理论长达 40 年的研究历程，学术界对物流服务质量理论的研究是伴随着西方管理学界对物流特性和服务质量的认识、理解而逐步形成和发展起来的。对物流服务质量的评价也经历了一个从"企业视角"向"顾客满意"的转变过程。

一　物流服务的演变

在各个经济发展阶段，物流定义因不同的经济活动目的而不断调整、改进和完善。物流定义的演变过程反映了社会对物流的需求变化以及物流管理、物流理论和物理技术的进步轨迹。

（一）基于提供者的物流服务

"除非商品具有在时间和空间上的可用性，使消费者享受使用商品的物质和心理上的满足"，否则商品就无法表现对购买者的价值。为了实现商品的可用性，生产商和销售商一直面临着商品实体配送的需求（Bowersox，1969）。实体配送的需求基于消费者的需要而产生，生产商和销售商基于销售的目的而供给，早期的物流服务主要应用于商品销售领域。

1935 年，美国销售协会最早对物流定义："物流（Physical Distribution）是包含于销售之中的物质资料和服务，与从生产地到销售地点流动过程中伴随的种种活动。"1963 年，美国第一个物流管理组织——美国实体配送管理协会（National Council of Physical Distribution Management）成立。该协会对物流管理（Physical Distribution Management）的定义是：物流管理是为了计划、执行和控制原材料、在制品库存及制成品从起源地到消费地的有效率的流动而进行的两种或多种活动的集成。这些活动可能包括但不仅限于顾客服务、需求预测、交通、库存控制、物流搬运、订货处理、零件及服务支持、工厂及仓库选址、采购、包装、退货处理、废弃物回收、运输、仓储管理等。

关于物流服务的界定和描述，最传统、具代表性的是以时间和空间效用为基础的 7Rs 理论。该理论描述了通过物流服务增加产品或服务效用的特点，即一种产品的营销部分在于将正确数量的正确的产品，在正确的时间（Right Time）和正确的地点（Right Place），以合适的价格（Right Price）、方式和信息递送的能力。这个定义意味着一个产品的部分价值是由物流服务创造的①。

随着生产的发展，社会分工越来越细，大型的制造商往往把产成品零部件的生产任务外包给其他专业性制造商，自己只是把这些零部件进行组装，而这些专业性制造商可能位于世界上劳动力比较便宜的地方或者是原材料的生产基地。在这种情况下，物流活动已经突破了商品流通的范围，把物流的领域扩大到了生产领域。物流已不仅仅从产品出厂开始，而是包括从原材料采购、加工生产到产品销售、售后服务，直到废旧物品回收等整个物理性的流通过程。1985 年美国实体配送管理协会更名为美国物流管理协会（The Council of Logistics Management, CLM）。更名后的美国物流管理协会对物流管理（Logistics Man-

---

① William D. Perreault and A. Frederick, "Russ. Physical Distribution Service: A Neglected Aspect of Marketing Management", *MSU Business Topics*, Vol. 22, 1974.

agement）的定义为"以适合顾客的要求为目的，对原材料、在制品、制成品与其关联的信息，从产业地点到消费地点之间的流通与保管，为求有效率且最大的'对费用的相对效果'而进行计划、执行、控制"。与 Physical Distribution Management 强调"有效率"的流动相比，Logistics Management 更强调"有效率、有效益"的流通。

随着交易环境的改变，效用创造的基础概念变得难以充分表达物流所创造的价值，基于操作的物流服务界定也在发展[1]。物流服务的价值创造概念将传统的时间、空间效用扩展到多种有形价值附加服务，比如，包装、第三方物资管理、条码技术和信息服务等[2]。使价值增值概念从传统的时间、空间效用扩展到包含有形效用[3]。但是，它依然是基于物流服务提供者的概念，即物流服务提供者为他们的客户创造的价值[4]。

（二）基于顾客满意的物流服务

LaLonde 和 Zinszer（1976）从以下三个角度来描述顾客服务：第一，满足顾客需要的活动；第二，确保顾客满意的绩效测量；第三，企业承诺的原则。他们研究发现，实体配送服务是销售活动的重要方面，实体配送服务的不同因素对顾客具有不同的重要性。他们将物流服务定义为"以满足顾客需要、保证顾客满意度及赢取企业赞誉为目的的活动"[5]。这个定义从简

---

① Kenneth B. Ackerman, "Debuzzing 'Value-Added'", *Transportation & Distribution*, Vol. 32, 1991.

② Lalonde, J. Bernard and Paul H. Zinszer, *Customer Service: Meaning and Measurement*, Chicago: National Council of Physical Distribution Management, 1976.

③ Rakowski, P. James, "The Customer Service Concept", *Review of Business and Economic Research*, Vol. 17, 1982.

④ J. T. Mentzer, R. Gomes and R. E. Krapfel, "Physical Distribution Service: A Fundamental Marketing Concept", *Journal of the Academy of Marketing Science*, Vol. 17, No. 1, 1989, pp. 53 – 62.

⑤ Lalonde, J. Bernard and Paul H. Zinszer, *Customer Service: Meaning and Measurement*, Chicago: National Council of Physical Distribution Management, 1976.

单的产品运作层次上升到了营销层次，认为物流服务以提高客户满意度为目的。对于物流服务质量，重要的是客户如何理解，而不是企业对质量如何诠释。企业在制订质量改进计划时，必须从客户的角度出发。

Rakowski 区分了许多客观的执行标准（速度、有效性、精确性、连贯性和产品性能）与主观的顾客期望和感知标准（便利性、机动性、个性化和信息化）。顾客期望和感知是至关重要的，绩效测量由销售企业测量会更容易。实体配送服务，从卖方的角度看是与绩效相关的一组行为，而从顾客反映看它是由各个指标表现的感知行为[1]。

Mentzer，Gomes 和 Krapfel（1989）综合了 20 多年物流文献中记载的 26 个实体配送和顾客服务因素，形成了一个由可得性、时间性和质量组成的严谨的三维结构，界定了实体配送服务概念（Physical Distribution Service，PDS），发现了应该将实体配送服务质量结合进物流服务质量的顾客服务的几方面。这个结构经过更广泛的定性研究的微小概念调整，被随后的实证经验所支持。Mentzer、Gomes 和 Krapfel（1989），进而提出还需要从顾客角度来评价物流服务，主张在交付服务中存在两层含义：顾客营销服务和实体配送服务，这两方面在满足顾客和制订综合顾客服务计划中是相互补充的。"这里 PDS 由三个关键因素组成：可得性（Availability）、时间性（Timeliness）和质量（Quality）。我们将 PDS 视为物流服务质量的一个方面，构建一个更广泛意义上的物流服务质量概念。"这被认为是将营销和物流相结合的思想基础。顾客对实体配送服务的感知比提供者更精确，因此正确定义这样一个重要的市场工具将为管理者在发展实体配送服务战略和杠杆作用提供指导。"除了对传统实体配送服务内容的整理，市场战略管理者应该考虑如何综合提高顾

① Rakowski, P. James, "The Customer Service Concept", *Review of Business and Economic Research*, Vol. 17, 1982.

客服务中实体配送服务的可得性、时间性和质量，以最好满足顾客的期望和需要。①"对物流服务质量顾客视角界定的应用带动了实体配送的研究，传统的实体配送研究集中在实体的、可见的、可操作性特点，更多的是与营销相联系，现在加入对顾客感知等无法观测的特点的理解。通过认识、鉴别和测量顾客感知的物流服务质量，物流实践者和研究者丰富了传统的可测量的运作服务特征体系。

John T. Mentzer，Daniel J. Flint，G. Tomas M. Hult（2001）通过对 DLA（Defense Logistics Agency）细分市场的调查研究揭示了代表 DLA 多个细分市场的参与者所关心的 9 个方面：人员沟通质量、订单释放数量、信息质量、订货过程、货品精确率、货品完好程度、货品质量、货品误差处理和时间性。提出了物流服务质量的 9 个重要的潜在因素，并检验不同顾客部门各因素的权重是否不同。研究发现细分市场的参与者所强调的物流服务质量因素不同，同时，也发现在各个不同因素中也有很大的类似之处。因此，物流提供者应研究自身细分市场中顾客评价的物流服务质量因素。如果各个细分市场物流服务质量因素的评价结果比重相近，物流服务的设计可以适用于所有的细分市场，使物流提供者取得规模效应。相反，如果物流提供者研究结果显示顾客评价的物流服务质量因素具有显著差异，物理提供者应使他们的服务定制化，以投合特定细分市场的期望。这种思想可以使物流服务作为一个差异化竞争武器，这不仅能通过降低成本提高效率，而且可以通过提高供给者收入的定制化过程来提高营销效力。这个研究还发现物流服务质量应作为一个过程概念，而不仅仅是一个单独的概念。"我们的研究表明，从顾客尝试订货开始，对提供者物流服务质量的顾客感知

---

① J. T. Mentzer，R. Gomes and R. E. Krapfel，"Physical Distribution Service：A Fundamental Marketing Concept"，*Journal of the Academy of Marketing Science*，Vol. 17，No. 1，1989，pp. 53 – 62.

就开始形成，而且在顾客以合适的条件，得到完全的、精确的订货，所有误差处理过程中，感知仍在发展。"① 当将物流服务质量视为一个过程时，物流供给者可以识别不同感知物流服务质量的驱动力。

二 物流服务的特征

物流服务是为满足货主需求，克服货物在空间和时间上的间隔而进行的物流业务活动，即在适量性、多批次、广泛性上，安全、准确、迅速、经济地满足货主的要求。与一般制造业和销售业不同，物流服务具有以下特征②。

(一) 无形性

生产活动所产生的产品是具有一定的重量、体积、颜色、形状等具体特性和用途的实物。物流服务不产生有形产品，不物化在任何耐久的对象或出售的物品之中，不能作为物而离开消费者独立存在。物流服务主要表现在一定形式的活动满足客户克服货物在空间和时间间隔的需求。

(二) 不可储存性

物流服务只是一个过程，不可储存。企业不可能像产品生产者那样，将淡季生产的产品储存起来在旺季时出售，而必须保持足够的服务能力，以便随时为客户服务。而且如果某个时期市场需求量低，物流企业的生产能力就无法得到充分利用，而在市场需求量超过生产能力时，物流企业就无法接待一部分客户，从而丧失一部分营业收入。

(三) 差异性

差异性是指物流服务的构成成分及其质量水平经常变化，

① John T. Mentzer, Daniel J. Flint, G. Tomas M. Hult, "Logistics Service Quality as a Segment-customized Process", *Journal of Marketing*, 2001, pp. 82 – 104.

② 胡萍:《B2C 网络购物中物流服务顾客满意度影响因素研究》,《合肥工业大学学报》(社会科学版) 2014 年第 2 期。

很难统一界定。物流企业提供的服务不可能完全相同，由于人类个性的存在，同一位第一线的员工提供的服务也不可能始终如一，与产品生产相比较，物流企业往往不易制定和执行服务质量标准，不易保证服务质量，物流企业可以在工作手册中明确规定员工在某种服务场合的行为标准，但管理人员却很难预料有各种不同经历、性格特点、工作态度的员工在这一服务场合的实际行为方式，而且服务质量不仅与员工的服务态度和服务能力有关，也和客户有关，同样的服务对一部分客户是优质服务，对另一部分客户却可能是劣质服务。

（四）不可分离性

有形产品可以一段时间内在生产和消费之间存在，并可作为产品在这段时间内流通，而物流服务的生产过程与消费过程同时进行，具有不可分离性的特征，即物流服务也就是说企业员工提供物流服务于顾客时，也正是客户消费服务的时刻，二者在时间上不可分离，由于物流服务本身不是一个具体的物品，而是一系列的活动或者说是过程，所以物流服务的过程，也就是客户对服务的消费过程。正因为物流服务的不可分离性，不能像产品一样经过分销渠道送到客户手中，因此各个物流服务网点只能为某一个地区的消费者服务，所以物流网络的建设对物流企业具有重要影响。

（五）从属性

物流服务需求往往伴随商流的发生而产生，是以商流为基础的，所以物流服务必须从属于货主企业的生产、交易活动。流通货物的种类、流通时间、流通方式、提货配送方式等物流服务的内容都根据生产、交易的需要由货主选择决定，物流服务为生产和交易提供支持。

物流服务的特征从一个侧面体现了服务与实体商品的本质差异，其中无形性是最基本的特征，其他特征都是在这一基本特征的基础上派生出来的。货物位移的发生是由不可明显感知的物流服务活动的作用结果，这种作用一直伴随着货物位移活动的准备和执行全过程。

三　物流服务质量评价理论

（一）Mentzer 等的 PDSQ（Physical Distribution Service Quality）评价

Mentzer, Gomes 和 Krapfe 认为物流服务是一个属概念，应包含实体配送服务和客户营销服务两方面。其观点得到了学者们的广泛认同，并认为它是整合营销和物流活动的理论基础。三位学者研究了过去 20 多年关于物流服务的文献，综合了大量有关实体配送和客户服务的资料，从归纳总结的 26 个项目（其中 16 个项目是反映实体配送服务所带来的利益，3 个项目是测量实体配送服务绩效的，还有 7 个项目几乎和实体配送服务无关，是用来评价客户服务的，如销售人员的访问次数）中提炼出 3 个维度——时间性（Timeliness）、可得性（Availability）和质量（Quality）作为衡量实体配送服务质量的指标[1]。其研究成果克服了前人从企业视角出发评价物流服务质量的缺陷，提出了基于客户视角衡量物流服务质量的 3 个维度，但是，这 3 个维度实际上只能度量物流整体服务质量中的实体配送服务部分，而并不是整体物流服务质量的全部[2]。

（二）Bienstock 等顾客视角的 PDSQ 评价

Parasuraman 等在 1988 年开发的 Servqual 量表（主要是面向最终个体消费者的研究），成为物流服务质量测量研究的重要分

---

① J. T. Mentzer, R. Gomes and R. E. Krapfel, "Physical Distribution Service: A Fundamental Marketing Concept", *Journal of the Academy of Marketing Science*, Vol. 17, No. 1, 1989, pp. 53 – 62.

② John T. Mentzer, Daniel J. Flint, G Tomas M Hult, "Logistics Service Quality as a Segment-customized Process", *Journal of Marketing*, 2001, pp. 82 – 104.

水岭[1]。Servqual 量表出现之后，很多学者[2][3][4]都使用 Servqual 量表在 B2C 行业进行了实证研究[5][6][7]。也有学者对 Servqual 量表是否适用于测量物流服务展开了研究，并通过导入物流特性，在最初的 Servqual 量表基础上做出相应的修正[8][9]。与此同时，一些学者对 Servqual 量表的适用性提出了质疑。

　　Bienstock 等发现将 Servqual 量表运用于某个特定行业中的缺陷，在 Lovulock[10]、Gronroos[11] 和 Parasu-Raman[12] 等的研究成果基础上提出了分类方案，该方案强调用于测量消费者的 Servqual 量表应包含其所接受的无形服务，同时还指出物流服务是在人被物取代、客户和服务提供者被有形分离的情景下提出来的，

　　① 《物流服务的本质和特征》，2009 年 1 月，华人物流网（http://edu. wuliu800. com /2009 /0105/2771. html）。

　　② 汪勇、熊前兴：《电子商务技术发展综述》，《武汉科技大学学报》2005 年第 12 期。

　　③ 祁明：《电子商务实用教程》，高等教育出版社 2000 年版，第 58 页。

　　④ 王小宁等：《信任影响因素对消费者网络购物行为的影响：学生与职员的视角》，《消费经济》2009 年第 12 期。

　　⑤ A. Parasuraman, V. A. Zeithaml, L. L. Berry, "Servqual: A Multiple-Item Scale for Measuring Consumer Perceptions of Service Quality", *Journal of Retailing*, Vol. 64, 1988.

　　⑥ T. J. Brown, G. A. Churchill, "Paul P J. Research Note: Improving the Measurement of Service Quality", *Journal of Retailing*, Vol. 69, No. 1, 1993, pp. 127 – 139.

　　⑦ Mishra, D. Prasad, Singh, et al., "An Empirical Investigation of Two Models of Patient Satisfaction", *Journal of Ambulatory Care Marketing*, Vol. 4, 1991.

　　⑧ D. W. Finn, C. W. Lamb, An Evaluation of the Servqual Scales in a Retailing Setting, R. H. Holman, M. R. Solomon, Advances in Consumer Research, Provo, UT: Association for Consumer Research, 1991: 483 – 490.

　　⑨ D. M. Lambert, J. R. Stock, J. U. Sterling, A Gap Analysis of Buyer and Seller Percep-tions of the Importance of Marketing Mix Attributes, AMA Educators' Proceedings. Chicago, IL: American Marketing Association, 1990: 208.

　　⑩ H. C. Lovclock, "Classifying Services to Gain Strategic Marketing Insights", *Journal of Marketing*, Vol. 47, 1983.

　　⑪ C. Gronroos, "A Service Quality Model and Its Marketing Implications", *European Journal of Marketing*, Vol. 18, 1984.

　　⑫ A. Parasuraman, V. A. Zeithaml, L. L. Berry, "A Conceptual Model of Service Quality and Its Implications for Future Research", *Journal of Marketing*, Vol. 49, 1985.

Servqual 量表适合从功能或过程维度来测量，但是物流服务更多的是由技术或结果维度组成，因此对于新兴的物流服务行业，Servqual 量表已经不再适用[①]。

Bienstock[②] 等的研究从客户视角出发，借鉴 Servqual 方法探察物流服务质量的构成要素，并进行数据检验，开发出新的 PDSQ 量表，此量表共涉及 3 个维度——时间性（含 6 项）、可得性（含 4 项）和完好性（含 5 项）。其研究成果的标志性进步是拓展了服务质量的研究范围，对物流服务质量概念的操作化十分重要。但值得指出的是，其研究与 Mentzer 等的研究存在同样的缺陷，即量表中的 3 个维度依然只能度量物流整体服务质量中的实体配送服务部分。

（三） Mentzer 等客户导向的 LSQ 评价

对于物流服务质量评价指标的最新的较完整的定义是美国田纳西大学 2001 年的研究结果。Mentzer、Flint 和 Hult 把实体配送服务质量量表看作物流服务质量量表的一个组成部分，认为时间性、可得性和完好性是客户感知物流服务质量的最主要方面。同时，物流服务质量与传统的服务质量研究一致，物流服务质量应该包括提货和交付产品的人员以及订货和处理差异性的过程等因素都影响客户对物流整体服务质量的感知。因此提出把影响客户服务的因素和实体配送服务质量中的因素整合起来共同构建客户导向的 LSQ 模型[③]。

Mentzer 等按照 Servqual 方法通过定性研究了解美国大型物流服务供应商 DLA（Defense Logistics Agency）8 个细分市场

---

① A. Parasuraman, V. A. Zeithaml, L. L. Berry, "A Conceptual Model of Service Quality and Its Implications for Future Research", *Journal of Marketing*, Vol. 49, 1985.

② C. C. Bienstock, T. J. Mentzer, M. M. Bird, "Measuring Physical Distribution Service Quality", *Journal of the Academy Marketing Science*, Vol. 25, 1997.

③ John T. Mentzer, Daniel J. Flint, G. Tomas M. Hult, "Logistics Service Quality as a Segment-customized Process", *Journal of Marketing*, 2001, pp. 82 – 104.

（药品、燃料、电子、服装/纺织、建筑、生产资料、生活资料供应商和普通供应商）客户的需求，确定最初的 72 个物流服务质量项目，获得 5531 份有效问卷，通过定量方法提炼和修正后得到一个人员沟通、订单释放、信息质量、货品质量、货品完好程度、订购过程、误差处理、货品精确程度和时间性 9 个维度 25 个项目的 LSQ 量表。研究了各个维度之间的相关性，并比较不同细分市场上各个维度在物流服务质量中对客户满意度的影响。同时在普通供应商、纺织品、建筑材料、电子产品和生鲜品市场应用 LSQ 模型。研究表明：不同产品市场的客户对物流服务质量有不同的期望，9 个影响客户满意度的因素在不同行业的权重（影响力）各不相同，其对满意度的影响也不同。因此，物流企业应根据不同的产品（行业）类型分析对客户满意度的影响因素，做出有利于提高客户满意度的差异化物流服务决策。

Mentzer 等的研究取得了突破性的进展，是目前物流服务质量研究领域最为完整的研究结果。但是仍然存在一定的局限性：一是对物流服务质量维度的研究是建立在美国环境中个别行业之下，并未考虑其他国家和地区的不同因素对物流服务质量的影响。不同文化背景和社会条件下，对服务的期望是有较大差异的。[1] 作为服务业，物流服务经常表现出客户接触程度高、大量的定制化需求等特征，由于这些特征的存在，物流服务质量的维度可能还需要进一步精炼或拓展。二是研究样本来自同一供应商 DLA 的细分市场，用于概念性模型的项目都是与 DLA 的客户相关，所以研究的结论可能无法适用于其他物流供应商的客户细分市场，其他的物流供应商在使用该模型时必须重新修正项目。

---

① 《物流服务的本质和特征》，2009 年 1 月，华人物流网（http://edu. wuliu800. com /2009 /0105/2771. html）。

（四）郑兵等"直接测量感知期望差"的 LSQ 评价

郑兵①等在前人的研究成果基础上，严格按照西方量表开发的过程，从客户角度出发，依据中国物流企业的服务特质，结合物流企业经理人的意见及物流服务企业客户的访谈信息，提出物流服务质量测评指标体系的初始维度和项目构成。采用"直接测量感知期望差"的测量方法，并使用李克特 7 级量表采集服装企业的数据，构建了 7 个维度的中国本土物流服务质量测评指标体系。统计检验分析的结果显示，该指标体系具有较高的信度和效度。

研究证明，中国物流服务质量测评指标体系也包括时间质量、人员沟通质量、订单完成质量、误差处理质量和货品完好质量维度，同时灵活性和便利性 2 个维度是中国物流服务质量测评指标体系所特有的。进而提出，在我国物流业愈演愈烈的竞争形势下，物流服务提供商必须将提供便利性包装、门到门送货等定制化服务作为制胜的法宝之一，也就是在做好物流基本服务功能的基础上，不断拓展物流服务的延伸功能（如为客户提供辅助的营销服务）增加物流服务的附加价值。但研究仍然存在样本数量小、地区和行业限制和缺乏验证性因子分析等不足之处，采用"直接测量感知期望差"的方法测量物流服务质量的严密性和适用性还有待进一步的检验。

第五节　本章小结

本章主要分析电子商务的基本理论、电子商务促进经济变革及其作用、电子商务企业竞争优势理论综述，发现物流服务质量是电子商务竞争优势的主要来源和重要影响因素。因此，

---

① 郑兵：《中国本土物流服务质量测评指标创建及其实证检验》，《管理评论》2007 年第 4 期。

有必要对电子商务物流服务质量进行研究，并进一步从电子商务物流服务方面研究电子商务发展的竞争优势。

"互联网＋"时代，电子商务作为新生产力，其思维模式、劳动力结构、劳动对象、劳动工具都有革命性的变动，对经济结构、发展方向、人类生活方式都有较大的影响。但物流的瓶颈问题还需要突破，物流的现代化程度及其在消费者满意感知中的影响已经成为电子商务发展竞争优势来源，因此分析电子商务中的物流服务质量，尤其是顾客对物流满意感知，就显得相当重要。企业开展电子商务与物流服务需要依据顾客满意感知来建立自己的竞争优势。

第三章　电子商务物流服务理论基础与发展现状

第一节　电子商务物流概述

一　电子商务物流概念

电子商务作为一种新的数字化商务方式，代表未来的贸易、消费和服务方式。因此，要完善整体商务环境，就需要打破原有工业的传统体系，发展建立以商品代理和配送为主要特征，物流、商流、信息流有机结合的社会化物流配送体系。

电子商务物流的概念是伴随电子商务技术和社会需求的发展而出现的，它是电子商务真正的经济价值实现不可或缺的重要组成部分。

电子商务物流：有人理解为物流企业的电子商务化。其实，可以从更广义的角度去理解这一个概念，既可以理解为"电子商务时代的物流"，即电子商务对物流管理提出的新要求；也可以理解为"物流管理电子化"，即利用电子商务技术（主要是计算机技术和信息技术）对传统物流管理的改造。因此，有人称其为虚拟物流（Virtual Logistics），即以计算机网络技术进行物流运作与管理，实现企业间物流资源共享和优化配置的物流方式。

二　电子商务物流特点

(一) 电子商务下物流服务质量

在电子商务下，物流业是介于供货方和购货方之间的第三方，是以服务作为第一宗旨。从当前物流的现状来看，物流企业不仅要为该地区服务，而且还要进行长距离的服务。因为客户不但希望得到很好的服务，而且希望服务点不是一处，而是多处。因此，如何提供高质量的服务便成了物流企业管理的中心课题。应该看到，配送中心离客户最近，联系最密切，商品都是通过它送到客户手中。美、日等国物流企业成功的要诀，就在于它们都十分重视客户服务的研究。

首先，在概念上变革，由"推"到"拉"。配送中心应更多地考虑"客户要我提供哪些服务"，从这层意义讲，它是"拉"(Pull)，而不是仅仅考虑"我能为客户提供哪些服务"，即"推"(Push)。如有的配送中心起初提供的是区域性的物流服务，以后发展到提供长距离服务，而且能提供越来越多的服务项目。又如配送中心派人到生产厂家"驻点"，直接为客户发货。越来越多的生产厂家把所有物流工作全部委托配货中心去做，从根本意义上讲，配送中心的工作已延伸到生产厂家去了。

如何满足客户的需要把货物送到客户手中，就要看配送中心的作业水平了。配送中心不仅与生产厂家保持紧密的伙伴关系，而且直接与客户联系，能及时了解客户的需求信息，并沟通厂商和客户双方，起着桥梁作用。如美国普雷兹集团公司(APC) 是一个以运输和配送为主的规模庞大的公司。物流企业不仅为货主提供优质的服务，而且要具备运输、仓储、进出口贸易等一系列知识，深入研究货主企业的生产经营发展流程设计和全方位系统服务。优质和系统的服务使物流企业与货主企业结成战略伙伴关系 (或称策略联盟)，一方面有助于货主企业的产品迅速进入市场，提高竞争力；另一方面则使物流企业有稳定的资源，对物流企业而言，服务质量和服务水平正逐渐成为比价格更为重要的选择因素。

（二）　电子商务物流的信息化

在电子商务时代，要提供最佳的服务，物流系统必须要有良好的信息处理和传输系统。美国洛杉矶西海报关公司与码头、机场、海关信息联网。当货从世界各地起运时，客户便可以从该公司获得到达的时间、到泊（岸）的准确位置，使收货人与各仓储、运输公司等做好准备，使商品在几乎不停留的情况下，快速流动、直达目的地。如美国干货储藏公司（D. S. C）有200多个客户，每天接受大量的订单，需要很好的信息系统。为此，该公司将许多表格编制成了计算机程序，大量的信息可迅速输入、传输，各子公司也是如此。再如，美国橡胶公司（USCO）的物流分公司设立了信息处理中心，接受世界各地的订单；IBM公司只需按动键盘，即可接通 USCO 公司订货，通常在几小时内便可把货送到客户手中。良好的信息系统能提供极好的信息服务，以赢得客户的信赖。

在大型的配送公司里，往往建立了 ECR 和 JIT 系统。所谓ECR（Efficient Customer Response），即有效客户信息反馈，它是至关重要的。有了它，就可做到客户要什么就生产什么，而不是生产出产品等顾客来买。仓库商品的周转次数每年达20次左右，若利用客户信息反馈这种有效手段，可增加到24次。这样，可使仓库的吞吐量大大增加。通过 JIT（Just In Time）系统，可从零售商店很快地得到销售反馈信息。配送不仅实现了内部的信息网络化，而且增加了配送货物的跟踪信息，从而大大提高了物流企业的服务水平，降低了成本。成本一低，竞争力便增强了。

欧洲某配送公司通过远距离的数据传输，将若干家客户的订单汇总起来，在配送中心里采用计算机系统编制出"一笔划"式的路径最佳化"组配拣选单"。配货人员只需到仓库转一次，即可配好订单上的全部要货。

在电子商务环境下，由于全球经济的一体化趋势，当前的物流业正向全球化、信息化、一体化发展。

商品与生产要素在全球范围内以空前的速度自由流动。EDI与 Internet 的应用，使物流效率的提高更多地取决于信息管理技术，电子计算机的普遍应用提供了更多的需求和库存信息，提高了信息管理科学化水平，使产品流动更加容易和迅速。物流信息化，包括商品代码和数据库的建立，运输网络合理化、销售网络系统化和物流中心管理电子化建设等，现在还有很多工作有待实施。可以说，没有现代化的信息管理，就没有现代化的物流。

电子商务时代，物流信息化是电子商务的必然要求。物流信息化表现为物流信息的商品化、物流信息收集的数据库化和代码化、物流信息处理的电子化和计算机化、物流信息传递的标准、数据库技术（Database）、电子订货系统（Electronic Ordering System，EOS）、电子数据交换（Electronic Data Interchange，EDI）、快速反应（Quick Response，QR）及有效的客户反应（Effective Customer Response，ECR）、企业资源计划（Enterprise Resource Planning，ERP）等技术与观念在中国的物流中将会得到普遍的应用。信息化是一切的基础，没有物流的信息化，任何先进的技术设备都不可能应用于物流领域，信息技术及计算机技术在物流中的应用将会彻底改变世界物流的面貌。

（三）电子商务下物流的全球化

20 世纪 90 年代早期，由于电子商务的出现，加速了全球经济的一体化，致使物流企业的发展达到了多国化。它从许多不同的国家收集所需要的资源，再加工后向各国出口，如前面提及的中国台湾电脑业。

全球化的物流模式，使企业面临着新的问题，例如，当北美自由贸易区协议达成后，其物流配送系统已不是仅仅从东部到西部的问题，还有从北部到南部的问题。这里面有仓库建设问题，也有运输问题。又如，从加拿大到墨西哥，如何来运送货物，又如何设计合适的配送中心，还有如何提供良好服务的问题。另外，一个困难是较难找到素质较好、水平较高的管理人员。因为有大量牵涉到合作伙伴的贸易问题。如日本在美国开设了很多分公司，而两国存在着不小的差异，势必会碰到如何管理的问题。

还有一个信息共享问题。很多企业有不少企业内部的秘密，物流企业很难与之打交道，因此，如何建立信息处理系统，以及时获得必要的信息，对物流企业来说，是个难题。同时，在将来的物流系统中，能否做到尽快将货物送到客户手里，是提供优质服务的关键之一。客户要求发出订单后，第二天就能得到货物；而不是口头上说"可能何时拿到货物"。同时，客户还在考虑"所花费用与所得到的服务是否相称，是否合适"。

全球化战略的趋势，使物流企业和生产企业更紧密地联系在一起，形成了社会大分工。生产厂集中精力制造产品、降低成本、创造价值；物流企业则花费大量时间、精力从事物流服务。物流企业的满足需求系统比原来更进一步了。例如，在配送中心里，对进口商品的代理报关业务、暂时储存、搬运和配送，必要的流通加工，从商品进口到送交消费者手中的服务实现一条龙。

电子商务时代，由于企业销售范围的扩大，企业和商业销售方式及最终消费者购买方式的转变，使得送货上门等业务成为一项极为重要的服务业务，促使了物流行业的兴起。物流行业即能完整提供物流机能服务，以及运输配送、仓储保管、分装包装、流通加工等收费服务的行业。主要包括仓储企业、运输企业、装卸搬运、配送企业、流通加工业等。信息化、全球化、多功能化和一流的服务水平，已成为电子商务下的物流企业追求的目标。

（四）电子商务物流自动化

自动化的基础是信息化，自动化的核心是机电一体化，自动化的外在表现是无人化，自动化的效果是省力化，另外还可以扩大物流作业能力、提高劳动生产率、减少物流作业的差错等。物流自动化的设施非常多，如条码/语音/射频自动识别系统、自动分拣系统、自动存取系统、自动导向车、货物自动跟踪系统等。这些设施在发达国家已普遍用于物流作业流程中，而在中国由于物流业起步晚，发展水平低，自动化技术的普及还需要相当长的时间。

（五）网络化

物流领域网络化的基础也是信息化，是电子商务下物流活动的主要特征之一。这里指的网络化有两层含义：一是物流配送系统的计算机通信网络，包括物流配送中心与供应商或制造商的联系要通过计算机网络，另外与下游顾客之间的联系也要通过计算机网络通信，比如物流配送中心向供应商提出订单这个过程，就可以使用计算机通信方式，借助于增值网（Value-Added Network，VAN）上的电子订货系统（EOS）和电子数据交换技术（EDI）来自动实现，物流配送中心通过计算机网络收集下游客户的订货信息的过程也可以自动完成；二是组织的网络化，即所谓的企业内部网（Intranet）。比如，中国台湾的电脑业在20世纪90年代创造出了"全球运筹式产销模式"，这种模式的基本点是按照客户订单组织生产，生产采取分散形式，即将全世界的电脑资源都利用起来，采取外包的形式将一台电脑的所有零部件、元器件、芯片外包给世界各地的制造商去生产，然后通过全球的物流网络将这些零部件、元器件和芯片发往同一个物流配送中心进行组装，由该物流配送中心将组装的电脑迅速发给订户。这一过程需要有高效的物流网络支持，当然物流网络的基础是信息、计算机网络。

物流的网络化是物流信息化的必然，是电子商务下物流活动的主要特征之一。当今世界 Internet 等全球网络资源的可用性及网络技术的普及为物流的网络化提供了良好的外部环境，物流网络化不可阻挡。

物流电子商务化是以互联网的形式提供物流行业相关信息，包括货运信息、空运信息、陆运信息、海运信息，以及物流行业资讯和物流知识、法律法规等，还提供物流行业企业库，供货源方查找，货源方也可通过物流网发布货源信息，以供物流企业合作。

物流网 2014 年在我国已经兴起，好的物流网很多，用户可以根据所在地区查找物流网，也可在综合性的物流网上查找相关信息，现在物流网数量上以地区物流网为主，主要提供该地区的物流信息。

三　电子商务物流的意义

（一）物流信息将更加及时

对物流企业而言，信息传递准确和及时是核心。需要对物流流程进行梳理，以加强管控，提高效率；更重要的是对物流信息化进行优化与扩展，能采集到更多的信息，并实时跟踪。这些实时的信息有利于物流企业进行流程的控制和优化，并由此产生出一些新的增值服务，如信息服务、金融服务等，从信息化建设中获得更大的利益。

（二）物流速度将得到很大提升

我国电子商务发展较快，但物流技术水平和物流管理严重落后，物流配送体系极不完善，而电子商务的快速发展也在推动物流体系不断发展，尤其是电子商务下供应链管理的改善对物流效率提升有重要影响。如我国快递行业的快速兴起和发展，网购物流速度大大提升。

（三）物流企业业务范围会更广

电子商务下物流市场业务逐渐向细分过渡，出现了诸如家电物流、汽车物流、钢铁物流和快递物流等，物流服务产业越来越专业化，物流企业业务范围也更广泛。

（四）物流管理会更科学

电子商务的快速发展对物流管理效率提出了更高要求，不单是物流设施和物流过程的管理，而是物流全流程中人、工具和设施的管理，管理需求、管理模式、管理流程都将更加科学，效率将会得到提升。

（五）物流人才获取知识的渠道将更广，物流人才更具专业化

在电子商务时代，对物流相关知识的学习和获取将更加方便，利用网络学习知识将成为主流渠道，同时，物流专业知识将更具专业化，对人才的要求也将更专业化。

（六）传统物流企业将会因互联网而重新洗牌

"互联网＋"时代，电子商务对物流企业的要求将不同，具备产品流通全过程管理的物流企业将得到发展机会，原来只做单一物流环节的物流企业将被重组。物流将以第三方物流、第四方物流以及能接触到最终消费者的物流社区服务模式呈现。

（七）电子商务物流会大大节约企业物流成本

"互联网＋"时代，物流企业的整体效率提升，原有的运输、仓储物流成本将大大压缩，但电子商务末端物流成本可能上升。总体上，科学的管理和物流价值链的重构将大大节约物流成本。

第二节　电子商务物流模式

一　自营物流

企业自身经营物流，称为自营物流。自营物流是在电子商

务刚刚萌芽的时期，那时的电子商务企业规模不大，从事电子商务的企业多选用自营物流的方式。企业自营物流模式意味着电子商务企业自行组建物流配送系统，经营管理企业的整个物流运作过程。在这种方式下，企业也会向仓储企业购买仓储服务，向运输企业购买运输服务，但是这些服务都只限于一次或一系列分散的物流功能，而且是临时性的纯市场交易的服务，物流公司并不按照企业独特的业务流程提供独特的服务，即物流服务与企业价值链的松散的联系。如果企业有很高的顾客服务需求标准，物流成本占总成本的比重较大，而企业自身的物流管理能力较强时，企业一般不应采用外购物流，而应采用自营方式。由于中国物流公司大多是由传统的储运公司转变而来的，还不能满足电子商务的物流需求，因此，很多企业借助它们开展电子商务的经验也开展物流业务，即电子商务企业自身经营物流。目前，在中国，采取自营模式的电子商务企业主要有两类：第一类是资金实力雄厚且业务规模较大的电子商务公司，电子商务在中国兴起的时候，国内第三方物流的服务水平远不能满足电子商务公司的要求。第二类是传统的大型制造企业或批发企业经营的电子商务网站，由于其自身在长期的传统商务中已经建立起初具规模的营销网络和物流配送体系，在开展电子商务时只需将其加以改进、完善，就可满足电子商务条件下对物流配送的要求。选用自营物流，可以使企业对物流环节有较强的控制能力，易于与其他环节密切配合，全力专门服务于该企业的运营管理，使企业的供应链更好地保持协调、简洁与稳定。此外，自营物流能够保证供货的准确和及时，保证顾客服务的质量，维护了企业和顾客间的长期关系。但自营物流所需的投入非常大，建成后对规模的要求很高，大规模才能降低成本，否则将会长期处于不赢利的境地。而且投资成本较大、时间较长，对于企业柔性有不利影响。另外，自建庞大的物流体系，需要占用大量的流动资金。更重要的是，自营物流需要有较强的物流管理能力，建成之后需要工作人员具有专业化的物流管理能力。

二　第三方物流

（一）第三方物流的概念

第三方物流（Third-Party Logistics，简称 3PL 或 TPL）是指独立于买卖之外的专业化物流公司，长期以合同或契约的形式承接供应链上相邻组织委托的部分或全部物流功能，因地制宜地为特定企业提供个性化的全方位物流解决方案，实现特定企业的产品或劳务快捷地向市场移动，在信息共享的基础上，实现优势互补，从而降低物流成本，提高经济效益。它是由相对"第一方"发货人和"第二方"收货人而言的第三方专业企业来承担企业物流活动的一种物流形态。第三方物流公司通过与第一方或第二方的合作来提供其专业化的物流服务，它不拥有商品，不参与商品买卖，而是为顾客提供以合同约束、结盟为基础的系列化、个性化、信息化的物流代理服务。服务内容包括设计物流系统、EDI 能力、报表管理、货物集运、选择承运人、货代人、海关代理、信息管理、仓储、咨询、运费支付和谈判等。第三方物流企业一般都是具有一定规模的物流设施设备（库房、站台、车辆等）及专业经验、技能的批发、储运或其他物流业务经营企业。第三方物流是物流专业化的重要形式，它的发展程度体现了一个国家物流产业发展的整体水平。

目前，第三方物流的发展十分迅速，有几方面是值得我们关注的：第一，物流业务的范围不断扩大。一方面，商业机构和各大公司面对日趋激烈的竞争，不得不将主要精力放在核心业务，将运输、仓储等相关业务环节交由更专业的物流企业进行操作，以求节约和高效；另一方面，物流企业为提高服务质量，也在不断拓宽业务范围，提供配套服务。第二，很多成功的物流企业根据第一方、第二方的谈判条款，分析比较自理的操作成本和代理费用，灵活运用自理和代理两种方式，提供客户定制的物流服务。第三，物流产业的发展潜力巨大，具有广阔的发展前景。

（二）第三方物流的作用

第三方物流是一个新兴的领域，企业采用第三方物流模式对于提高企业经营效率具有重要作用。

首先，企业将自己的非核心业务外包给从事该业务的专业公司去做；其次，第三方物流企业作为专门从事物流工作的企业，有丰富的专门从事物流运作的专家，有利于确保企业的专业化生产，降低费用，提高企业的物流水平。

三　第四方物流

（一）第四方物流的概念

第四方物流主要是指由咨询公司提供的物流咨询服务，但咨询公司并不就等于第四方物流公司。目前，第四方物流在中国还停留在仅是"概念化"的第四方物流公司，南方的一些物流公司、咨询公司甚至软件公司纷纷宣称自己的公司就是从事"第四方物流"服务的公司。这些公司将没有车队、没有仓库当成一种时髦；号称拥有信息技术，其实却缺乏供应链设计能力；只是将第四方物流当作一种商业炒作模式。

第四方物流公司应物流公司的要求为其提供物流系统的分析和诊断，或提供物流系统优化和设计方案等。所以第四方物流公司以其知识、智力、信息和经验为资本，为物流客户提供一整套的物流系统咨询服务。它从事物流咨询服务就必须具备良好的物流行业背景和相关经验，但并不需要从事具体的物流活动，更不用建设物流基础设施，只是对于整个供应链提供整合方案。第四方物流的关键在于为顾客提供最佳的增值服务，即迅速、高效、低成本和个性化服务等。

（二）第四方物流的优势

第四方物流有众多的优势：

第一，它对整个供应链及物流系统进行整合规划。第三方物流的优势在于运输、储存、包装、装卸、配送、流通加工等实际的物流业务操作能力，在综合技能、集成技术、战略规划、区域及全球拓展能力等方面存在明显的局限性，特别是缺乏对整个供应链及物流系统进行整合规划的能力。而第四方物流的核心竞争力首先就在于对整个供应链及物流系统进行整合规划的能力，也是降低客户企业物流成本的根本所在。

第二，它具有对供应链服务商进行资源整合的优势。第四方物流作为有领导力量的物流服务提供商，可以通过其影响整个供应链的能力，整合最优秀的第三方物流服务商、管理咨询服务商、信息技术服务商和电子商务服务商等，为客户企业提供个性化、多样化的供应链解决方案，为其创造超额价值。

第三，它具有信息及服务网络优势。第四方物流公司的运作主要依靠信息与网络，其强大的信息技术支持能力和广泛的服务网络覆盖支持能力是客户企业开拓国内外市场、降低物流成本所极为看重的，也是取得客户的信赖，获得大额长期订单的优势所在。

第四，具有人才优势。第四方物流公司拥有大量高素质国际化的物流和供应链管理专业人才和团队，可以为客户企业提供全面的卓越的供应链管理与运作，提供个性化、多样化的供应链解决方案，在解决物流实际业务的同时实施与公司战略相适应的物流发展战略。

（三）第四方物流的作用

发展第四方物流可以减少物流资本投入、降低资金占用。通过第四方物流，企业可以大大减少在物流设施（如仓库、配送中心、车队、物流服务网点等）方面的资本投入，降低资金占用，提高资金周转速度，减少投资风险。降低库存管理及仓储成本。第四方物流公司通过其卓越的供应链管理和运作能力可以实现供应链"零库存"的目标，为供应链上的所有企业降低仓储成本。同时，第四方物流大大提高了客户企业的库存管理水平，从而降低库存管理成本。发展第四方物流还可以改善物流服务质量，提升企业形象。

四　电子商务物流联盟

物流联盟是制造业、销售企业、物流企业基于正式的相互协议而建立的一种物流合作关系，参加联盟的企业汇集、交换或统一物流资源以谋取共同利益；同时，合作企业仍保持各自的独立性。物流联盟为了达到比单独从事物流活动取得更好的效果，在企业间形成了相互信任、共担风险、共享收益的物流伙伴关系。企业间不完全采取导致自身利益最大化的行为，也不完全采取导致共同利益最大化的行为，只是在物流方面通过契约形成优势互补、要素双向或多向流动的中间组织。联盟是动态的，只要合同结束，双方又变成追求自身利益最大化的单独个体。选择物流联盟伙伴时，要注意物流服务提供商的种类及其经营策略。一般可以根据物流企业服务的范围大小和物流功能的整合程度这两个标准，确定物流企业的类型。物流服务的范围主要是指业务服务区域的广度、运送方式的多样性、保管和流通加工等附加服务的广度。物流功能的整合程度是指企业自身所拥有的提供物流服务所必要的物流功能的多少，必要的物流功能是指包括基本的运输功能在内的经营管理、集配、配送、流通加工、信息、企划、战术、战略等各种功能。一般来说，组成物流联盟的企业之间具有很强的依赖性，物流联盟的各个组成企业明确自身在整个物流联盟中的优势及担当的角色，内部的对抗和冲突减少，分工明晰，使供应商把注意力集中在提供客户指定的服务上，最终提高了企业的竞争能力和竞争效率，满足企业跨地区、全方位物流服务的要求。

五　物流一体化

物流一体化是指以物流系统为核心，由生产企业、物流企业、销售企业直至消费者的供应链整体化和系统化。它是在第三方物流的基础上发展起来的新的物流模式。20 世纪 90 年代，西方发达国家如美、法、德等国提出物流一体化现代理论，并应用和指导其物流发展，取得了明显效果。在这种模式下物流企业通过与生产企业建立广泛的代理或买断关系，使产品在有效的供应链内迅速移动，使参与各方的企业都能获益，使整个社会获得明显的经济效益。这种模式还表现为用户之间的广泛交流供应信息，从而起到调剂余缺、合理利用、共享资源的作用。在电子商务时代，这是一种比较完整意义上的物流配送模式，它是物流业发展的高级和成熟的阶段。物流一体化的发展可进一步分为三个层次：物流自身一体化、微观物流一体化和宏观物流一体化。物流自身一体化是指物流系统的观念逐渐确立，运输、仓储和其他物流要素趋向完备，子系统协调运作，系统化发展。微观物流一体化是指市场主体企业将物流提高到企业战略的地位，并且出现了以物流战略作为纽带的企业联盟。宏观物流一体化是指物流业发展到这样的水平：物流业占到国家国民总产值的一定比例，处于社会经济生活的主导地位，它使跨国公司从内部职能专业化和国际分工程度的提高中获得规模经济效益。物流一体化是物流产业化的发展形式，它必须以第三方物流充分发育和完善为基础。物流一体化的实质是一个物流管理的问题，即专业化物流管理人员和技术人员，充分利用专业化物流设备、设施，发挥专业化物流运作的管理经验，以求取得整体最优的效果。同时，物流一体化的趋势为第三方物流的发展提供了良好的发展环境和巨大的市场需求。

第三节　电子商务物流发展现状与问题

一　电子商务物流发展现状

随着我国电子商务的发展尤其是网络购物的爆发式增长，大大促进了电子商务物流服务业尤其是快递服务业的发展，使其成为社会商品流通的重要渠道。据统计，与淘宝网合作密切的圆通、申通等快递企业，其六成以上的业务量都来自网络购物。

（一）电子商务物流服务业受到了国家和地方政府的重视

"十二五"期间，国家和政府层面出台了一系列相关法律法规和政策。如国务院发布的《物流业调整和振兴规划》《物流业发展中长期规划（2014—2020年)》《农产品冷链物流发展规划》《全国物流园区发展规划（2013—2020年)》《应急物流发展规划》《商贸物流发展专项规划》等。这些法律法规和标准对于规范我国电子商务物流市场、推动我国电子商务物流行业的健康发展具有十分重要的意义。

（二）我国快递物流业的迅速发展为电子商务物流服务业提供了重要保障

"十二五"期间，我国物流业呈现"增速趋缓、质量提升"的基本特征，2015年全国物流业景气指数LPI平均值为54.8%，我国物流业总体仍处于平稳发展期，但增速趋缓。2015年，我国社会物流总额达到229.8万亿元，与"十一五"末的125.4万亿元相比，增长83.2%，年均增长12.9%；我国社会物流总费用为11万亿元，与"十一五"末的7.1万亿元相比，增长了54.9%，年均增长9.2%。而社会物流总费用与GDP的比例由2010年的18%下降到2015年的16.2%左右，我国物流运行质量和效率取得了较大提高。以 2015 年为例，根据测算，我国物流总费用每降低一个百分点，相当于新增 3405 亿元左右的社会经济效益。2015 年我国物流业增加值预计为 3.24 万亿元，比 2010 年增长 1.2 倍，年均增长 3.7%，占 2014 年GDP 的比重为 5%，占 2014 年第三产业增加值的比重为10.59%。物流业作为生产性服务业的重要组成部分，在国民经济中的地位日益凸显，对经济和社会发展的作用进一步增强。

2015 年是我国快递业持续快速发展的一年，快递年业务量达到 206 亿件，居世界第一位。"双十一"业务高峰期，单日最高处理量突破 1.6 亿件，同比增长 56%。据国家邮政局最新统计数据显示，2015 年 11 月底，邮政企业和全国规模以上快递服务企业业务收入（不包括邮政储蓄银行直接营业收入）累计完成 2456.2 亿元，同比增长 34.9%。

（三）网络购物快递市场呈现爆发式发展

随着我国电子商务的迅速发展和网上购物的人数逐渐增多，快递市场呈现出爆发式的发展。据统计，目前我国规模不等的快递公司有 2 万余家，快递业务量每年以 60%—120% 的速度递增。2015 年，国家交通运输部对《快递业务经营许可管理办法》进行了进一步的修订，对快递业务准入条件做了一定的修改，但我国快递企业依然存在进入门槛低、从业人员素质低，同时行业规模较小，行业发展内生动力不足，使得快递市场远远不能够满足网络购物的需求，物流仍是电子商务发展的瓶颈。网络购物异军突起，在给快递行业带来发展机遇的同时，也对其服务能力提出了挑战。

（四）我国电子商务物流服务业并购整合逐渐成熟

虽然我国快递业务量增长快，业务需求巨大，但是由于快递业进入门槛较低，快递企业数量急剧扩张，使得快递市场十分混乱。2009 年冬天快递业的涨价风波和 2010 年深圳东道物流公司（DDS）的倒闭，使得并购整合成为快递公司考虑的重点方向。快递业具有明显的规模经济特征，这就决定了快递业必须通过扩大快递网络、并购整合来提高市场集中度，扩大市场覆盖范围。而2009年新《邮政法》的出台和《快递业务经营许可管理办法》的实施明确了快递业的法律地位并设置了快递业的准入门槛，这为快递并购整合提供了重要的政策支持。

（五）电子商务企业纷纷自建物流

目前我国物流业服务水平低，物流成本高，种种问题制约着电子商务的高速发展，尤其是季节性的快递企业"爆仓"问题以及频繁涨价等问题，使得大多数具有先行优势的电子商务企业在物流相关领域进行了巨大的投入。电子商务的快速发展很大程度使得企业获取信息的成本较低，作为发展瓶颈的物流便成为企业亟待解决的问题。企业之间的竞争已经演变为物流与物流、供应链与供应链之间的竞争。自建物流可以给顾客提供更好的个性化服务，但是物流的建设需要前期的大量投入和长期运作，其作用和利润才会显现，这必然会耗费企业大量精力。

（六）快递物流企业搭建电子商务平台

一方面，随着油价、人力成本的持续攀高，大多数快递物流公司的利润持续下降；另一方面，受到行业的竞争压力和对电子商务市场前景的看好，为了争取供应链的控制权，众多快递物流企业已经开始大规模搭建电子商务平台。快递物流企业往往积累了大量的客户资料，同时可通过自身配送网络的优势搭建电子商务平台为下游提供优质高效的物流服务。但是，传统的快递物流企业在商品的采购和供应链上游的资源上有其自身的缺点，同时在电子商务平台的推广、营销和运作上也缺乏经验。

（七）电子商务物流瓶颈越来越凸显

物流一直是电子商务发展的"瓶颈"，随着电子商务在近几年爆发式的发展，更使得两者之间的差距扩大。据相关数据统计，国内电子商务的发展速度是200%—300%，而物流增速只有40%，物流发展水平远远不能满足电子商务发展的需求，尤其在节假日，快递物流公司频频出现"爆仓"现象。再加上物流服务水平不高，出现到货慢、货物丢失、商品损毁、送货不到位等服务问题，成为消费者主要的投诉对象之一。

二　电子商务物流存在问题的原因分析

总体上，我国电子商务物流存在的问题可以归纳为效率比较低，就其主要原因有以下三个方面。

（一）我国电子商务物流发展的制度环境有待完善

目前，我国还没有一套正式的法律文书管制电子商务物流，这给物流企业在实际的物流业务操作中带来了很大不便。同时也给很多不法分子制造了钻法律空子的机会。希望在以后，随着中国的电子商务物流的快速发展，国家能够尽快制定出相关的专门法律来规范电子商务物流的发展。为电子商务物流的发展提供比较好的政策支持。

（二）现代物流技术水平落后

现代物流技术水平落后已成为制约我国物流业发展的一大瓶颈。现代物流技术在物流领域中应用水平较低的现实，不仅影响电子商务物流的发展，而且影响整个电子商务物流业的经营服务水平、运行方式、组织形式的创新和发展，进而制约着电子商务物流业市场自动化水平的提高。因此，提高我国现代物流技术水平已成为我国电子商务物流业的当务之急。

（三）物流人才短缺，物流从业人员的总体水平较低

物流人才的需求层次分为战略层、管理层、操作层。目前市场对高级物流管理人才和中级物流管理人员、物流企业的市场营销人员、具体业务操作人员和设备操作及维护的技术人员及既具有本行业专业知识又有物流管理技能的专门人才的需求十分迫切。原因是我国在物流研究和教育方面还比较落后，物

流知识远未得到普及。物流企业对人才也未予以足够重视，从事物流的人员相应地缺乏业务知识、业务技能，从而不擅管理。

第四节　本章小结

本章主要讨论电子商务物流服务基本理论，包括电子商务物流的含义、模式，分析我国电子商务物流发展现状，并分析我国电子商务物流存在问题的原因。

电子商务物流服务质量的改善有利于物流信息的及时、准确传递，提升电子商务物流效率，促进电子商务快速发展。电子商务物流模式主要包括自营物流、第三方物流、第四方物流、电子商务物流联盟以及物流一体化等。物流专业化发展程度不断提升，我国第三方物流、第四方物流及物流联盟等专业化物流解决方案快速发展，电子商务物流环节可以有更多选择，从而增强电子商务选择，提高电子商务效率和竞争力。

我国电子商务物流处于高速发展阶段，尤其是快递业务得到了快速发展，成为社会商品流通的重要渠道之一。但仍然存在人才缺乏、制度不完善、技术落后的问题。因此，有必要对我国电子商务物流服务质量进行分析，以找出最重要的影响因素和相应的对策，提升电子商务和物流企业的竞争力。

第四章　基于电子商务的物流服务与竞争优势

　　无论电子商务如何改变这个世界，企业的存在目的就是追求利益的最大化。企业必须拥有自身的竞争优势，才能生存发展并获取最大利益。这种优势可以表现在提供质优价廉的商品、良好的售后服务、快速的供求响应、灵活的投资政策、多样的购销渠道等。然而这些优势只是外在的结果和表现，真正的产生这些优势的根源是企业的核心能力（Core Competence）。有些能力，比如新产品的设计是可以被复制的，而有些能力，比如公司的品牌是不太容易被复制的。所以，持续创造和拥有竞争对手难以模仿的核心能力，并以此创造有力的竞争优势是实现企业目标的必由之路。传统的市场竞争过多强调产品和服务的提供，也就是以产品为中心的竞争模式，企业可以通过先进的机器设备和技术生产出好的产品。但由于产品的可模仿性，这种模式很难使一个企业获得持久有效的竞争优势，除非拥有被保护的专利权。因此企业往往大量地投资于专利技术的开发，一旦拥有这种专利就可以在一段时间获得超出寻常的利润，然而等到专利保护期一到，这个公司的优势也就随之消失了。美国施乐公司就是一个例子。但是随着产品更新换代的频度越来越快，各公司拥有的生产和制造的技术水平越来越高，不同公司的产品的功能区别就变得越来越小，同时由于面临更多选择，客户对产品的挑选变得越来越挑剔。客户在选择商品时除了考虑本身的功能和价格之外，更多是考虑售前售后服务、公司品牌等等。

第一节　基于电子商务的企业竞争特点的转变

随着 Internet 等信息技术的快速发展及应用，电子商务成为当今最为活跃的经济领域。由于电子商务便于企业记录、更新并且实时地分析大量、详细的客户信息，所有的信息可以被企业的各个部门分享，并被应用在生产和服务的全过程中，真正地实现一对一及客户定制的市场服务模式，针对不同的客户提供不同的市场推广、销售和服务方法等[①]。企业竞争不再仅仅局限于产品的质量、价格等方面。

一　竞争方式的转变

在电子商务中，彻底改变了企业传统的竞争方式。首先，从产品竞争到服务竞争。工业时代，企业关注如何扩大生产规模，提高生产效率、降低生产成本、生产质量更高的产品，企业之间的竞争完全是产品的竞争、质量的竞争。而在电子商务条件下，企业更为关注如何以更短的时间适应用户多元化的需求，在提高个性化服务水平的同时降低成本，服务竞争已经超越产品竞争。其次，从产品竞争到产品差异化竞争。由于产品的同质性越来越强，顾客从理性消费向感性消费转变。因此，越来越多的企业把自己的产品定位在提高买方价值、满足个性需求方面，从而为自己创造了竞争优势。最后，由以往的产品或服务成本与质量的有形竞争转变为争取顾客满意的虚拟竞争[②]。随着电子商务的发展，顾客行为、偏好也有新的变化。在电子商务条件下，每名顾客获得信息的速度和内容都比以往要

---

① 易法敏：《电子商务与企业竞争优势》，《南开管理评论》2002 年第 4 期。

② 窦廷银、郭德明：《信息技术对企业竞争优势的影响》，《当代经济》2007 年第 8 期（下）。

快得多、多得多，因此他们求新求变的愿望也就越发强烈。据统计，上网者中60%具有大专以上学历，全球网络用户年龄平均在33岁左右，这些人的消费行为往往较为独立，对商品和服务的个性化要求越来越高，他们不再满足于被动地接受企业生产、销售的产品，对商品的质量、规格、式样、造型以至包装等会不断提出自己的新的要求。随着新技术的不断产生，产品的升级换代也不断加快，再加上今后生活节奏的加快、工作压力的增大，顾客对购物方便及乐趣的要求也将不断提高。

二 竞争主体的转变

在传统企业战略中，企业通常依据自身的资源或能力，寻求相应的市场机会并建立市场上的地位，而价值网络导致了市场竞争主体的转换。在电子商务的开放环境下，市场竞争由企业的直接对抗转向价值网络的整体抗衡。竞争不仅在价值网络内部层面的企业之间展开，更重要的是价值网络整体层面的对抗。企业同时分析市场机会、价值网络的市场地位和自身在价值网络中的地位，在综合分析之后，通过选择价值网络确定市场地位。作为价值网络所创造价值的载体，一种产品或服务所体现出来的竞争力是以整个价值网络为基础的，任何一个网络成员的竞争力会最终影响这一整体竞争力。价值网络成员的价值观是共同创造价值，按某种分享机制确定自身利润[①]。

三 竞争资源的转变

企业竞争从传统人、财、物竞争到知识、信息竞争。在电子商务条件下，知识、信息成为企业重要的战略资源，一个企业是否能够持续发展取决于是否拥有最大限度迅速获取知识的

---

① 吴海平、宣国良：《价值网络的本质及其竞争优势》，《经济管理》2002年第24期。

能力。

四　竞争领域的转变

从国内竞争到国际竞争。随着信息技术的应用，"天涯咫尺"的时代已经到来，国内企业要想生存就不能再简单地靠地方、国家保护，而更多的是努力培养自己的竞争优势，提高自己的竞争能力来迎接国际市场的挑战。

信息技术不仅改变企业竞争方式，而且极大地扩展了企业竞争领域。一方面，信息技术（尤其是互联网技术）的"时空压缩"效应，使企业信息交流变得直接和简单，网上竞争日趋激烈。企业竞争由有形向无形转化，竞争模式变得日趋隐蔽和变化多端。另一方面，Internet 的迅速发展使整个世界越来越小，形成了所谓的"地球村"，"时空放大"效应使企业可以选择的供应商、销售商、制造商、目标市场等范围扩大了，这意味着企业的竞争环境由区域化向全球化发展，即竞争范围的扩大。而企业本身在地理位置上的分布也越来越广，跨国企业在越来越多的国家建立了子公司①。

传统营销信赖层层严密的渠道，辅助以大量人力和宣传投入来争夺市场，不仅费时费力，而且成本高。在网络时代，由于国际互联网的广泛普及，商家可以利用这个世界性的网络将商务活动的范围扩大到全球。电子商务使买卖双方在网络上形成简单易行的良好界面，使供需双方远在千里之外，通过网络像面对面一样迅速地完成交易，使各种网上交易以电子票据进行支付、清算与决算。企业的原材料采购、生产的组织协调和产品的广告宣传、销售，都会发生一系列变化。

---

① Majoman：《电子商务给企业带来的影响和创新》（http://www.ucan100.com/course/d/1036. shtml #sql）。

第二节　电子商务与价值网

一　价值链理论的发展

(一) 传统的价值链理论

早期的价值链思想源于美国麦肯锡咨询公司所发展的经营系统概念思想：一个企业由一系列职能组成（如研究开发、制造、营销、渠道），对相对于竞争对手所进行的每一种活动进行分析能够提供有益的洞察力，重新定义经营系统对于获取竞争优势具有重要作用。但是，经营系统概念强调的是广泛的职能而非活动，无法识别不同类别活动及其相互联系。在此基础上，波特在 1985 年出版的《竞争优势》中引入价值链概念作为分析和构建企业竞争优势的一个重要思想和工具，并成为当时一种先进的管理思想。

波特认为将企业作为一个整体来看无法认识竞争优势。竞争优势来源于企业在设计、生产、营销、交货等过程及辅助过程中所进行的许多相互分离的活动。这些活动中的每一种都对企业的相对成本地位有所贡献，并且奠定了差异化的基础。每一个企业都是用来进行设计、生产、营销、交货以及对产品起辅助作用的各种活动的集合。波特将所有这些活动用价值链概念表示，一定水平的价值链构成是企业在一个特定产业（业务单元）内的各种活动的组合。虽然同一产业内的企业有相似的价值链，但竞争对手的价值链常常有所不同。竞争者价值链之间的差异是竞争优势的一个关键来源。

就竞争角度而言，价值是买方愿意为企业提供给他们的产品所支付的价格，价值用总收入衡量，反映企业产品的价格和销售数量。价值活动是企业所从事的物质上和技术上的界限分明的各项活动，是创造对买方有价值的产品的基石。价值活动分为基本活动和辅助活动两大类，基本活动是涉及产品的物质创造及其销售、转移给买方和售后服务的各种活动，包括：内部物流、生产作业、外部物流，市场和销售以及服务；辅助活动是辅助基本活动并通过提供外购投入、技术、人力资源以及各种公司范围的职能以相互支持。

首先，价值活动是竞争优势的各种相互分离活动的组成。每一种价值活动与经济效果结合时是如何进行的，将决定一个企业在成本方面相对竞争能力的高低。每一种价值活动的进行也将决定它对买方需要以及差异化的贡献。因此，价值链的构建和改进，需要识别在技术上和战略上有显著差别的、相互独立的价值活动。其次，价值链并不是一些独立活动的集合，而是相互依存的活动构成的一个系统。价值活动是由价值链的内部联系联结起来的，这些联系是某一价值活动进行的方式与成本或者与另一活动之间的关系。如同它来自价值活动个体本身一样，竞争优势经常来源于价值活动间的联系。最后，联系不仅存在于一个企业价值链内部，而且存在于企业价值链与供应商和渠道的价值链之间，即纵向联系。纵向联系与价值链内部的各种联系相似，供应商或渠道的各种活动进行的方式将影响企业活动的成本或效益，反之亦然。供应商不仅交付它的一种产品，而且影响企业的很多其他方面。此外，很多产品通过一些渠道的价值链到达买方手中。渠道的附加活动影响着买方，也影响企业自身的活动。企业的产品最终成为买方价值链的一部分。差异化的基础归根结底是企业和其产品在买方价值链中的作用，这决定了买方的需要。因此，获取和保持竞争优势不仅取决于对企业价值链的理解，而且取决于对企业如何适合于某个价值系统的理解。

波特的价值链通常被认为是传统意义上的价值链，较偏重于以单个企业的观点来分析企业的价值活动、企业与供应商和顾客可能的连接，以及企业从中获得的竞争优势。J. Shank 和

V. Gowindarajan（1992）描述的价值链比波特的范围更广一些。他们认为，"任何企业的价值链都包括从最初的供应商手里得到原材料直到将最终产品送到用户手中的全过程"①。这一论断把企业看成是价值生产过程中的一部分。J. Shank 和 V. Gowindarajan 不但扩大了价值链的范围，同时还将会计信息置于价值链分析中，计算出价值链的每一个阶段的报酬率（ROA）与利润，从而确定竞争优势之所在。

（二）虚拟价值链理论

随着信息技术的发展，Jefferey F. Rayport 和 John J. Sviokla 于 1995 年提出了"虚拟价值链"的观点。他们认为任何一个企业是在两个不同的世界中进行竞争的，一个是有形资源世界，称为"市场场所"（Market Place）；另一个则是信息构成的虚拟世界，称为"市场空间"（Market Space）。它们通过不同的价值链开展价值创造活动。前者通过"有形价值链"，即采购、生产与销售，后者通过"虚拟价值链"，即信息的收集、组织、筛选与分配。两条价值链的增值过程并不相同，有形价值链是由一系列线性作业构成的，而虚拟价值链则是非线性的，有潜在的输入输出点。企业可以根据自己的组织、结构、战略观点对这两个过程进行管理，提出新的观点和技术上的创新。

随着社会经济科学技术发展，商务电子化和信息化的进展，使企业运营突破了时空的限制，可以同时在现实和虚拟（Virtual）两个世界里运营，这就对原有的价值链概念提出了挑战。Jefferey F. Rayport 和 John J. Sviokla（1995）提出的"虚拟价值链"的概念，旨在以新的信息技术对价值链进行结构上的改造。他们认为，任何一个企业组织都是在两个不同的世界中进行竞争：一个是管理人员看得见、摸得着的有形资源的世界，称为

_____

① J. Shank, V. Gowindarajan, "Strategic Cost Management: The Value Chain Perspective", *Journal of Management Accounting Research*, 1992, pp. 177 – 199.

市场场所（Market Place）。另一个是由信息构成的虚拟世界，虚拟的信息世界借助电子商务技术产生一个新的价值创造场所，即市场空间（Market Space）[①]。简而言之，企业的虚拟价值链就是将实物价值链以信息的形式反映在虚拟的信息世界所形成的信息价值链。

　　尽管虚拟价值链以实物价值链为基础，是实物价值链的信息化反映，但是它又高于实物价值链。传统管理认为，虚拟价值链只是帮助管理者管理实物价值链的一种工具，只是创造附加价值。但是，现代信息经济和人们对数据化信息商品的需求，使得虚拟价值链管理不仅创造附加价值，而且还可以创造价值。它们通过不同的价值链开展价值创造活动：市场场所通过采购、生产和销售等活动组成的实物价值链（Physical Value Chain，PVC），在现实世界中，物流一般从供应商、制造商、物流公司和分销渠道等角色流向客户，形成物理价值链。市场空间通过虚拟价值链（Virtual Value Chain，VVC），即信息的收集、组织、综合、选择和发布等活动创造价值。两条价值链的增值过程并不相同，有形价值链是由一系列线性作业构成的，而虚拟价值链则是非线性的，有潜在的输入输出点。信息时代，企业可以根据自己的组织、结构、战略观点对这两个过程进行管理，有效地利用信息成为创造价值的一种有效方式。

　　虚拟价值链的战略价值主要表现在：

　　第一，对实物价值链的信息化反映，增强了实物价值链的可视性，便于管理者对实物价值链各环节进行协调管理，从而取得协同效应。根据波特的竞争优势理论，企业各项活动的集成度是决定竞争能力的重要因素，集成度越高，协调性越强，效率就越高。价值链是由相互有联系的一系列价值活动构成，其中的联系反映了协调工作的必要性。而信息系统对于联系的

---

① J. F. Rayport, J. J. Sviokla, "Exploiting the Virtual Value Chain", *Harvard Business Review*, 1995, pp. 75 - 99.

作用至关重要。虚拟价值链就像一面镜子，把实物价值链上既相互分离又相互联系的环节从整体上反映出来，使得管理者能够把实物价值链看作一个整体而不是分散的体系，能够从整体上看清实物价值链各环节的联系和运动情况，并对其进行协调优化和整合，从而获得实物价值链的协同效应，降低实物价值链的运作成本，获得竞争优势。如美国的弗雷德—雷公司，该公司的信息系统不仅联结了市场营销、销售、制造、后勤、财务等，而且还能为管理人员提供有关供应商、顾客和竞争者的信息。公司的所有现场工作人员每天收集关于全国各地每家商店的产品销售信息、竞争产品的销售和促销信息，以及竞争对手推出新产品的信息，然后用电子邮件的方式发给公司。管理人员利用这些实地数据和来自实物价值链每个环节的信息，决定公司内部的原材料供应，分派生产活动，制定更有效的运输路线等。

第二，虚拟价值链的建立，可以将创造价值的活动由单独在物质空间进行，转变为物质空间和虚拟空间同时进行，为企业建立起两条平行的价值链。实物价值链的任何价值增值环节都可以在虚拟空间实现，并具有实物价值链不可比拟的优势。比如，将实物价值链的研发设计放在虚拟价值链上进行，借助于互联网技术，在数据资料共享的条件下，可以超越时空限制，集聚世界各地优秀的设计师，24小时不间断地工作，从而大大提高了工作效率。另外，还可以邀请供应商和买方参与到设计工作过程中。供应商参与设计，可以使供应商及时了解企业所需，并主动对提供的商品进行改进；买方参与设计，可以使企业直接设计出市场上最具有吸引力的商品，而不必经过一次次的市场试验和试销，从而降低了新产品开发成本。由于数据资源的非损耗性，企业大大降低了研发成本。

第三，虚拟价值链有助于企业建立新型的客户关系，扩大经营范围。一些企业利用已经建立的虚拟价值链，在Internet上与选定的客户建立并保持联系。比如 DEC 公司的网站，允许公司未来的客户通过个人计算机与他们的销售代表接触，搜寻产品和服务；OR-ACLE 公司在网上分销它们的产品等。虚拟价值链的每一个价值增值环节都考虑从信息流中提炼出精粹，而每种精粹都可能会构成一种新的产品或服务。如美国联合汽艇服务协会，利用它的虚拟价值链进行顾客风险预测，发明了针对顾客特殊需要的业务，为汽艇拥有者提供保险的同时，还提供购买汽艇的业务。当顾客因被窃进行索赔时，公司既可提供支票，又可代为顾客购买汽艇。而且由于大量购买，又可从商家获得折扣。公司实物价值链上的货物流动，正是来源于其虚拟价值链的感知能力的指引。

第四，虚拟价值链可以实现价值活动共享，重新定义了企业的边界和规模经济，使得中小企业同样可以获得竞争优势。建立在市场空间的虚拟价值链，在信息技术和互联网技术的支持下，可以实现价值活动共享，增强了价值活动的生产能力。在某价值活动的成本对于规模经济或学习敏感的条件下，或者如果由于不同的业务单元在不同的时间对价值活动提出需求，而共享改善了生产能力的利用模式的条件下，共享则成为取得规模经济、加速学习曲线下降或在单一产业界限之外充分利用生产能力的潜在途径。共享使企业对不同的差异性市场或跨地域销售产品、提供服务成为可能，使中小企业可以在大企业占主导地位的市场获得较低的单位成本，从而获得规模效益。

第五，虚拟价值链可以实现企业价值链与供应商和买方价值链有效结合，提高价值链的快速反应能力。波特认为，竞争优势的获取和保持，不仅取决于对价值链的管理，还取决于对整个价值系统的适应。供应商的产品特点以及它与企业价值链的其他接触点，能够十分显著地影响企业的成本并标新立异，为增强企业竞争优势提供机会。而虚拟价值链为供需双方的有效结合提供了基础。例如，宝洁公司和沃尔玛公司通过一种复杂的电子交换连接系统，将双方已经建立的虚拟价值链有效连接，沃尔玛的有关宝洁商品销售的信息会自动传给宝洁公司。如果宝洁的商品快销售完了，宝洁的系统会自动生成订单，在经过确认之后就可以自动补货。完成交易循环后，只需使用电子发票和电子转账。由于整个"订购—支付"循环的速度极快，因此，沃尔玛在货物卖给消费者之后，很快就可以向宝洁付款。自动补货系统意味着宝洁的产品已经卖给了消费者，而不是变成了存货，而沃尔玛也因此既减少了宝洁产品的存货，也使产品脱销的可能性下降。通过合作，双方实现了共赢。再如，丰田公司的各个销售部门利用计算机每天收集客户的订货信息，并根据车型、发动机、传动机构和车辆级别等，对来自各地的订货信息进行分类、整理，然后在出厂前3天把这些信息传递给汽车公司。汽车公司根据这些信息组织生产，从而确保4天交货。所有这些，都离不开虚拟价值链的建立和管理。

（三）知识价值链

近年来，随着知识经济时代的到来，学者们纷纷把价值链和知识结合起来研究。Ching Chyi Lee（2000）在波特的价值链模型的基础上，提出了"知识价值链"的概念。他认为知识价值链由两部分组成：知识管理基础和知识管理过程。知识管理基础包括 CKO（Chief Knowledge Officer）和管理、知识工作的招聘、知识存储能力和顾客/供应商关系；知识管理过程由知识获取、知识创新、知识保护、知识整合和知识分散组成①。Yong-Long Chen（2004）的知识价值链是一个整合模型，主要以彼得·德鲁克（2002）提出的知识工作者与下一个社会、波特（1985）的价值链、Nonaka（1995）的知识螺旋、Kaplan 和 Norton（1990）的平衡计分卡与 Gardner（1995）的多元智力理

---

① C. C. Lee, J. Yang, "Knowledge Value Chain", *Journal of Management Development*, 2000, pp. 783 – 793.

论所推演而成①。Clark Eustace（2003）也提出了一个新的有关知识价值链的观点。他认为如今公司的竞争优势已从有形因素转向无形因素，即从如今被称为商品的自然资源，机器和财务资本转向非价格竞争因素，所以应该从知识等无形因素来研究价值链②。Clark Eustace 的知识价值链模型提供了一个跟踪现代企业中知识的流动过程的研究方法，它的起点是在当今高竞争性的市场环境下，企业只有拥有独特的或至少是难以复制的能力才能在市场上生存。

国内也有学者开始进行价值链与知识的结合研究。殷梅英、王梦光、刘士新（2003）从价值链理论和知识管理理论角度讨论了改进供应链分销阶段过程绩效水平的方法③。夏火松（2003）对企业知识价值链与企业知识价值链管理进行了描述，分析了企业知识价值链管理的特点，建立了企业知识价值链管理模型，认为利用企业知识价值链管理可以提高企业竞争优势④。江积海（2005）从内部传导和外部传导两个层面构建了知识传导的价值链模型。内部知识流程包括知识的创造、共享、配置、保护、创新等环节，而外部知识流程包括知识的获取、转移、整合、重组和外溢等环节。这些环节两两对应构成互动小循环，再进一步构成企业与市场边界交互作用的知识大循环，导致企业知识存量的优化和知识结构的动态演变⑤。

随着知识经济、信息经济的到来，知识要素高速膨胀使曾对当前和未来企业竞争力起主导作用的资本资源，正日益让位

---

① Y. L. Chen, T. C. Yang, Z. S. Lin, "A Study on the Modelling of Knowledge Value Chain, Society of Petroleum Engineers Inc"（http：// www. spe. org/jpt，2004 – 11 – 03）。

② C. Eustace, "A New Perspective on the Knowledge Value Chain", *Journal of Intellectual Capital*, 2003, pp. 588 – 596.

③ 殷梅英等：《基于价值链和知识管理的分销绩效改进》，《东北大学学报》（社会科学版）2003 年第 5 期。

④ 夏火松：《企业知识价值链与知识价值链管理》，《情报杂志》2003 年第 7 期。

⑤ 江积海：《企业知识传导的价值链研究》，《情报科学》2005 年第 12 期。

于以知识为代表的无形资源。在知识经济时代，价值链环节的划分摆脱了实体的价值，转向知识的价值，研发设计和人力资源等以知识、信息等为衡量标准的价值链活动已进入了企业的核心价值环节。所以，脱离知识这一关键资源来分析企业价值链显然很难准确分析各种价值链活动，从而难以把握和建立企业竞争优势，这是 20 世纪 90 年代后期波特竞争优势理论受到激烈批评的重要原因之一。郁义鸿教授认为："波特理论的一个重大缺陷是未能揭示更深层次的知识对于企业竞争优势的作用。"因此，把知识融入价值链的研究是价值链理论适应知识经济时代的必然要求。

（四）价值链思维的局限与拓展

价值链扩展了以往人们惯用附加价值来分析价值增值的范围，加强了对与价值链有关的各种资源配置活动的认识。价值链概念的形成源于产业经济的观点，在整个产业中，产业的价值活动由上游企业向下游企业传递，企业价值是按单位的生产组织活动顺序产生的。然而，互联网的广泛普及和电子商务的迅速发展，使得企业之间在原有价值链的各个环节产生了广泛联系与协作，企业的价值活动辐射、交错而网络化。面对电子商务的挑战，价值链思维既表现出其局限性，也在实践的冲击下得到了拓展。

1. 从线性思维到网络思维

价值链理论认为，尽管相关的主体之间有着不同程度的竞争关系，无论企业在价值链中独立完成多少环节的工作，下游组织都是为上游组织提供着需求，资源分配是从上游向下游单向配置的，即下游组织得到需求满足并向上游组织支付费用。同时，在企业组织内部，重点强调资源配置效率以产生差异化和低成本。然而，现实社会的需求往往是双向甚至是多向的，上、下游组织可以相互创造新的需求。例如，多元化企业联盟的关系往往难以用一条价值链来描述，资源在不同价值链上配置必然使得多条价值链发生多向的联系，从而构成价值网络。

近年来，快速变化的环境使得企业必须联合不同的主体共同把握机会，从而客观上产生了利益主体间的网络关系[1][2]。原本竞争十分激烈的同行公司纷纷合作，加入到电子商务的价值创造的网络之中，共同构建它们的价值网络系统。在上述情况下，价值链的概念已不能作为分析交互关系的工具和理论基础来有效地说明问题的性质并提出合理的解决方案。价值网络相对于价值链而言，就是要人们在关注自身价值形成的同时，更加关注价值网络上各节点的联系，冲破价值链各环节的壁垒，提高网络在主体之间交互作用对价值创造的推动作用。

2. 从静态思维到动态思维

价值链关注各环节上有关主体间的竞争关系，强调尽可能地利用经济选择权（Economic Option），以在价值形成的过程中实现自身价值的最大化。"波特的理论是静态的，在这一理论中，战略思维关注的是在固定的经济馅饼中得到最大可能的份额。"[3]事实上，主流经济学体系从创建到现在，一直将创新作为黑箱来处理，从而导致在企业价值分析过程中忽视创新。由于价值网络中的利益主体之间存在着复杂的竞争与合作关系，并且这种关系在随时间和环境的变化而变化，因此，有效的创新，特别是价值网络的群体创新不仅是重要的，而且是维系群体存在、实现价值创造的基础[4]。

---

① 菲利普·C. 哈斯佩斯拉格等：《共生性收购中的价值创造》，载安德鲁·坎贝尔《战略协同》，任通海、龙大伟译，机械工业出版社 2000 年版，第 396—414 页。

② G. Hamel and C. K. Prahalad, *Competing for Future*, Free Press, 1996, pp. 5 – 36.

③ S. Ghoshal, et al. , "A New Manifestofor Management", *Sloan Management Review*, Spring, 1999；9 – 19.

④ 汪应洛等：《柔性战略——战略管理的前沿》，《管理科学学报》1998 年第 1 期。

二　电子商务环境的本质

电子商务环境的本质可以从速度、连通性、信息透明、市场结构、不确定性五个方面来概括[①]。

(一) 速度

谈到电子商务的速度，一般集中在两个方面，变化的增长率和决策的速度。在讨论电子商务环境中交易发生有多快时，用"互联网时间"回答，即电子商务中的一年相当于多个传统商务周期的理念。不论哪个产业或哪种类型的公司，它们都同意电子商务升级非常快。一个来自"点击公司"的人说，"这件事情在以一小时 150 英里的速度移动，商务模式正以惊人的速度变化。"而传统商务"每小时 20 英里移动"。对速度的变化可以总结为以下几点。

被不同的方向牵引，有许多任务交给你，可能是在另一个没有采用这种责任形式的公司 5 年或 10 年所做的。在互联网公司，事情发生得比其他任何地方都快。

执行者为了能保持领先于竞争者，也要承受需要做出决策的压力。在电子商务中，缓慢就意味着失去，失去是因为其他人会创造解决办法以抓住顾客。要保持领先地位，而这种领先关乎城市阻塞，所以不得不保持真正的迅速。因为电子商务代表一种正在涌现的市场，公司为市场份额而努力，因此它们以比传统商务环境中竞争的企业更快的速度供给以占有市场。受访者感觉他们的公司"基本在以两倍的速度增长"。在电子商务环境中电子商务公司更加注重决策的速度。

它是动态的。进行决策非常迅速。可以用很少的数据进行决策。同时风险也很高。

---

① Susan L. Golicic, Donna F. Davis, Teresa M. McCarthy, et al. ,"The Impact of E-commerce on Supply Chain Relationships", *International Journal of Physical Distribution & Logistics Management*, Bradford: 2002. Vol. 32, Iss. 9/10; pp. 851, 21.

　　文献研究也反映了这两方面。Stalk（1988）指出向以时间为基础的竞争优势的战略转移开始于 20 世纪 70 年代后期柔性制造概念。迅速的执行过程使公司减少成本、提高质量和吸引最有利润的顾客。电子化运行商务中的速度是电子商务吸引力的一个。快速决策是关键，那是真正的时间商务。电子商务公司的 CEO 说"一分钟做一个交易"，也被迫"每一分每一秒不敢停歇"（Colvin，1999）。今天，电子商务环境已经更加强调战略的速度，减少产品周期，提高推出新产品的速度和顾客事务处理的速度（Greenstein，Feinman，2000）。

　　（二）连通性

　　交互作用和市场入门作为访问中连通性的两方面出现。几乎所有受访者谈到网络影响——通过互联网和供应商与顾客相互联系。公司开始依靠"系统与系统联系战略供应商和顾客"。将电子商务作为打开和移动供应商中技术障碍将每个人带入网络的方法。互联网让每个公司通过供应链沟通和分享信息。网络主机技术，一个共同数据平台上分享信息、提供不同观点或使用，以加入或脱离供应链成为可能。数据流量越来越大，互联网提供更可靠、更有效的综合——系统对系统综合。

　　连通性的第二方面——市场进入。比如，公司接近顾客的能力没有比电子商务更优先的。连通性使他们"理解什么是顾客需要的"。并使用"成本—效益方法去延伸和接触"少量顾客。连通性让企业达到了"临界点"。临界点是商务模式成功所需要的网络成员（供应商和顾客）的底线。

　　随着网络规模的增长，利益也成指数增长。所以，我们（用我们的商务模式）将其他公司带入，网络迅速增长，也使我们很快获得了临界点。

　　连通性的两个因素——交互作用和市场进入，在电子商务文献中也得到支持。Hamill（1997）断言有效使用互联网的关键是理解连通性的概念。在互联网上，信息流是多向的。与单向的、传统商务的一对多沟通相比，互联网上的沟通描述为多对多（Hoffman 等，1995）。连通性提供了一个传统商务环境中不能有效实现的交互作用水平。除了为企业提供强化与个人顾客关系的机会，电子商务环境也扩张了公司寻求发展的顾客基础的范围。企业不再被局限在它们地理场所的市场。电子环境最迅速的增长在美国之外（Cairncross，1997）。当全球进入发展时期，新的市场打开了。因此，电子商务连通性推动电子商店以在线方式延伸到任何地方。

（三）信息透明

电子商务技术提供了贯穿供应链的信息透明。受访者说，通过互联网更能透明地真正实现数据响应供应链成员的需求。一个受访者明确地说，"如果能够以前所未有的方式有效开展方案、联系贸易伙伴和看到供应链的总数具有巨大的价值。"一个公司表示，他们的顾客能够进入并"检查他们想知道的每一件事"，他们"也能询问员工某项进展和交易"，如同前面受访者描述的，由于信息透明，供应链能够非常有效率。

如果你能够在你的系统中综合产品计划安排、存货控制，并贯穿整个供应链，那么你真正实现实时。采购干事和顾客输入要求，从管理所有产品和存货安排的系统中直接得到信息，并自动运行，然后得到反馈的顾客信息，完成循环。

文献也谈论了供应链信息透明的价值。信息帮助管理者精确、迅速地计划、实施和评价结果（Rayport，Sviokla，1995）。技术使得信息完全透明，让企业管理更有效率。进入供应链信息透明，而不是信息来自一个供应商或顾客，使得供应链管理整体化而不是离散的。公司已经将这种信息透明转化成竞争优势（Rayport，Sviokla，1995），不仅对他们自己，而且对他们的供应链。然而透明也会导致信息负荷过多，当公司得到的信息超过他们习惯管理的时候，可能会导致在环境中的混乱和额外的不确定性。

（四）市场结构

在电子商务环境运行所需要的迅速步伐和新市场的进入压紧了传统市场结构。不断配合快速的改变，在动态市场结构中供应链管理的难度不断加大。当公司扩张到新的市场，他们开始和传统竞争者一起工作，和供应商、顾客竞争。公司员工不得不努力工作，保持和顾客的联系，因为他们"由于新的中介者而有失去与最终顾客直接联系的危险。一旦处于那样的境地，我们将……失去定价权力"。

根据文献，电子商务中的差异已经使整个产业的市场结构发生了转变。电子市场的出现，为制造商提供了直接向顾客营销的机会，去除了传统渠道中介的需要。同时，新"电子中间商"正在贸易伙伴间分级。当电子商务为渠道商开启新的面向顾客的机会时，渠道冲突的可能也放大了（Aldridge 等，1997）。在这种新环境中功能和相应的能力在价值链的成员——供应商、制造商、零售商和顾客——中间转移，模糊了传统产业结构下的角色边界（Davis，Meyer，1998；Glazer，1991；Weiber，Kollmann，1998）。

（五）不确定性

由于电子商务的速度和连通性而产生的市场的活力和增加的信息透明度，呈现出一种不确定的环境。在互联网空间，改变了我们和顾客交易、和供应商交易的方式，对他们来讲都非常新，也是令人恐慌的、正确的。我们不再像原来一样起床、工作。我们不知道接下来是什么。

文献将不确定的特征描述为动态、技术压力和改变——这些都是电子商务环境的特征。Achrol，Stem（1988）找到了支持他的假设，动态或转移环境引起了决策者不确定性的增加。在探讨不确定性的结果时，Osborn，Baughn（1990）提出技术压力很可能反映高度不确定性。Achrol（1997）在其有关网络组织的文章中描述了技术进步如何导致了企业面对的增加的外部不确定性。

环境被不断提高的技术改变的步伐扰乱了，被知识的增长和应用点燃了。技术和管理知识的增值正在分解着经济和政治界限，并且缓慢却确切地将世界推向一个无边界市场。技术改变的作用在极度相互联系、相互依赖的全球化环境中被强化了。

三　基于电子商务的价值网

在电子商务条件下，商业运营的复杂性不断提高，使企业适时按照网络和数字化的方式来创造价值，使价值链上各增值环节突破了前后方向的链状顺序，逐渐形成相互作用的合作关系，企业间的价值链关系演变成价值网络关系，这是价值网形成的外在动因；此外，企业自身不断的价值追求使得企业具有适应竞争环境、抢占行业制高点的迫切愿望，这是价值网形成的内在动因。基于上述因素共同促使了价值网的诞生。市场竞争主体随之转换，由企业间的直接对抗转换为企业组成的价值网络各个层面的整体抗衡。

（一）价值网的概念

哈佛商学院教授 Lynda M. Applegate 和 Meredith Collural 认为："电子商务模式是一个从制造商到生产商到分销商最终到顾客的连续统一体，传统的以价值链的概念来分析企业商业模式的方法在网络经济时代已不再适用，因为从事电子商务的企业在整个经济体系中不再仅扮演一种角色（如生产者或零售商），而是在整个价值体系中可能同时扮演多种角色，所以应该用'价值网'（Value Web 或 Value Net）而不是'价值链'（Value Chain）来分析企业的商业模式①。"

价值网的概念是由 Mercer 顾问公司的 Adrian Slywotzky 在《利润区》（*Profit Zone*）一书中首次提出的。他指出，由于顾

---

① 黄毅等：《浅论基于价值网模型的第四方电子商务模式创新》，《经理日报》2008 年 4 月 16 日第 B02 版。

客的需求增加，国际互联网的冲击以及市场高度竞争，企业应改变事业设计，将传统的供应链转变为价值网。对价值网做进一步发展的是美国学者大卫·波维特，在《价值网》一书中指出："价值网是一个顾客、供应商和信息流的动态网络。它因顾客真正需求而有活力，能够快速反应，对顾客选择可靠。之所以成为价值网，是因为它为所有的参与者——公司、供应商和顾客创造价值，也因为这些参与者在一个协作的数字化网络中运行。"① 大卫·波维特等把价值网管理模式描述成由客户、企业（或业务单位）以及供应商、合作制造商组成的环形结构。在该模式中，客户需求是整个价值网模式的核心部分，处于环形的中央；企业（或业务单位）处于中间部分，它一方面通过对客户信息的存储、培养等发展客户关系的方法来控制客户接触点，另一方面对供应商网络进行整合管理，以确保材料采购能够快速、低成本地进行。价值网外圈代表从事部分（或全部）采购、装配与交付活动的供应商与合作制造商群体。它们可以直接与客户的订单信息相连接，并直接向客户提供产品和服务。

　　价值网是一种新的企业业务模式，它将顾客日益提高的苛刻要求与灵活、高效的制造系统相关联，采用数字化信息快速匹配产品及服务，避开代价高昂的分销层，建立低成本、高速率分销网，将合作各方有机连接在一起，实现交付定制解决方案，以高效率的信息流引导物流、资金流和商流。

　　价值网的本质是在专业化分工的生产服务模式下，通过一定的价值传递机制，在相应的治理框架下，由处于价值链上不同阶段和相对固化的彼此具有某种专用资产的企业及相关利益体组合在一起，共同为顾客创造价值。产品或服务的价值是由每个价值网的成员创造并由价值网络整合而成的，每一个网络成员创造的价值都是最终价值的不可分割的一部分。因此，价

---

　　① David Bovet and Joseph Martha, "Value Nets: Reinventing the Rusty Supply Chain for Competitive Advantage", *Strategy & Leadership*, Chicago: Jul/Aug Vol. 28, 2000.

值网是以顾客为中心、由利益相关者之间相互影响构成的价值生成、分配、转移、传递和使用的网状关系及其结构。

价值网络改进了价值识别体系并扩大了资源的价值影响，同时使组织间联系具有交互、进化、扩展和环境依赖的生态特性[①]。价值网潜在地为企业提供获取信息、资源、市场、技术以及通过学习得到规模和范围经济的可能性，并帮助企业实现战略目标，如风险共享，价值活动或组织功能的外包，组织能力的提升等。

D. M. Lambert 等认为价值网是一种以顾客为核心的价值创造体系，它结合了战略思考和进步的供应链管理，取代传统的供应链模式，以满足顾客所要求的便利、速度、可靠与定制服务[②]。价值网络的思想打破了传统价值链的线性思维和价值活动顺序分离的机械模式，围绕顾客价值重构原有价值链，使价值链各个环节以及各不同主体按照整体价值最优的原则相互衔接、融合以及动态互动，利益主体在关注自身价值的同时，更加关注价值网络上各节点的联系，冲破价值链各环节的壁垒，提高网络在主体之间相互作用及其对价值创造的推动作用。

（二）价值网的特征

大卫·波维特依据 Mertzer 在 1999 年对北美洲、欧洲和亚洲 30 个公司的研究，发现价值网可以打开这个生锈的、老化的供应链。价值网共有以下五个特征：以顾客为中心、系统化协调合作、敏捷与可伸缩、快速流动、数字化[③]。

1. 以顾客为中心

顾客选择触发公司内部和供应链网络的采购、制造和交付

---

①　李垣等：《基于价值创造的价值网络管理：特点与形成》，《管理工程学报》2001 年第 4 期。

②　Douglas M. Lamnbert, L. Terranee, "Pohlen, Supply Chain Metries", *International Journal of Logistes Management*, Vol. 12, 2001.

③　David Bovet and Joseph Martha, "Value Nets: Reinventing the Rusty Supply Chain for Competitive Advantage", *Strategy & Leadership*, Chicago: Jul/Aug Vol. 28, 2000.

活动。

　　顾客的期望在快速的增长，被电子商务的"点击获得"方式点燃，定制家具、精选音乐、送货上门等各式服务均可轻易获得。然而，传统供应链从企业出发，通过配送渠道组织和推动，将顾客看成推销对象，通过营销手段向他们推销产品，并开展售后服务。许多公司的行为，包括从网站发展而来的企业和传统企业，远不能满足顾客期望。相反，价值网从优先考虑顾客、结合公司运行和供应关系来满足顾客真正需要。价值网是一个满足互联网时代消费者和顾客需求的实用战略：定制化产品、迅速订单履行、产品附加服务。

　　顾客是价值网的战略核心，也是价值网创造价值的源泉。价值流向顾客，顾客可以得到更迅速、更可靠和得体的服务供给。价值流向供应者，供应者对真正需求有更精确的解读，价值流向公司管理网，在差异化定位下，产生巨大的利润和市场资本。

　　根据帕拉哈拉德（2002）等的研究，21世纪的企业把顾客看作价值的共同创造者。"价值网"中企业的供应链业务模式正是顺应这种趋势，把顾客纳入价值创造体系中，并把他们的要求作为企业活动和企业价值取得的最终决定因素。以顾客为中心是价值网的经营战略制定的起点，它直接影响价值网的盈利模式、结构设计、组织运营和协调管理。价值网中的每一个成员重新考虑其服务顾客并与顾客保持紧密联系的方式，对顾客消费者习惯性的偏好给以快速满足，鼓励价值链成员包围他们共同的顾客，用与顾客们共同创造产品和服务的方式以一种新的方式满足顾客的需求。价值网将客户看作价值的共同创造者，即价值流动由顾客开始，把顾客纳入价值创造体系中，并把他们的要求作为企业活动和企业价值取得的最终决定因素。通过价值网，企业可以及时捕捉顾客的真实需求，并将其用数字化方式传递给其他网络伙伴。不仅如此，将顾客纳入企业价值创造体系中，可以不断为企业发展提出新的要求，有助于企业明确竞争优势动态演化的趋势。

2. 系统化协调合作

公司和供应商、顾客处于价值创造关系的网络之中。每一种活动都由最专长的参与者完成。

价值链仅仅把供应商看作供求的交易关系，公司与供应商的关系是对立性的，常常以供应商利益为代价，达到降低成本，提高利润的目的。价值系统任一成员的价值增加是以其余各方的价值损失为代价的。比如，供应商处于垄断强势地位，他的高价策略将使企业、互补者、竞争者、顾客同时遭受损失。任何组织间的联系都不是静止的、单一的和脱离环境的，单个成员公司要在价值网上获得发展，必须获得环境的支持及相关主体的认同和协作，它的行为与选择也会影响网上其他主体甚至网上各主体的行为与选择。因此，价值网既强调竞争，也强调合作。价值网络促进了所有成员的联系，电子方式的联系可使得各成员按日程表合作，共享资产（包括数据、信息和知识），利用彼此的互补优势和资源（包括系统和工艺），一起开发、实施和完成业务，成员公司间的相互关系联结成一种动态、有机的价值创造体系。

价值网的整体竞争力来自价值网络成员的竞争力的协同效应。这种协同效应强调网络中的企业集中精力和各种资源做好本企业所擅长的业务工作。例如，美国福特汽车公司在推出新车 Festiva 时，就是采取在美国设计新车，在日本的马自达生产发动机，在韩国生产其他零部件和装配，最后再运往美国和世界市场上销售。整个汽车的生产过程，从设计、制造直到销售，都是由全球范围内最优秀的企业形成的一个价值网络完成的。

企业要与客户、供应商及互补者共同合作创造出价值（即双赢的过程），同时它又要同顾客、供应商、互补者竞争以便获得价值（即赢输的较量）。这种竞争和合作的结合被称为合作竞争。价值网成员建立的相互关系不是零和博弈下的背弃式竞争，而是基于双赢思想的紧密合作，成员公司之间建立合作关系能够实现核心能力优势互补，共担风险和成本，共享市场和顾客忠诚。

3. 敏捷与可伸缩

通过柔性生产、配送和信息流保证对变化的响应。实体约束和资本要求被最小化。通过设计，企业可以容易地使规模随需求变动。

企业外部环境的瞬息万变，使脱离市场、片面追求规模扩大以降低成本的封闭式效率型生产管理方式再无用武之地，而充分利用并引导市场变化的开放式敏捷、可伸缩的柔性生产、配送管理则显示了其对满足顾客需求的适应性①。柔性生产、配送和信息流需要制造商、供应商和分销商必须达成共识、互利互信、共同努力。

第一，必须由顾客需求驱动整个价值网。柔性生产管理的立足点就是为了适应需求多变的消费市场，生产和需求直接挂钩，以实际需求带动生产。顾客导向的柔性生产注重捕捉各种市场变化的细节和个性要求来组织生产，所以其产品的表现是少而精，即每一品种、每一型号的产品的数量虽然不多，但总体上型号多、品种全、个性强。在顾客驱动下，综合运用制造技术、管理科学、计算机科学等学科成就解决多品种小批量制造过程中的自动化难题，从而适应顾客的个性化需求，达到顾客满意。

第二，必须实现对顾客需求敏捷、可伸缩的反应能力。柔性生产的精髓在于其生产具有极大的灵活性、适应性和可变化性，从而在变化中根据订单而非库存来决定产量，提高企业的市场应变能力。柔性生产管理系统要足以应付顾客对多样性和提前期的要求，这就意味着包括供应商和物流管理在内的各种

① 闫秀敏：《略论现代企业的柔性生产管理》，《内蒙古科技与经济》2004 年第 14 期。

参与者必须相互协作。为了及时、快速地调整生产，防止过量生产、排除浪费，实现企业利润的最大化，柔性生产管理在重组生产的过程中，一是打破内部和外部的商业界限，对迅速改变的环境做出快速反应，力图将最恰当的信息在最恰当的时间传递给最恰当的人，以使其能够做出最好的决策。二是打破传统的严格的部门分工的界限，通过设备迅速调整，重新整合各部门职能以及员工，在必要的时间内生产必要数量的必要产品，完成中小批量生产任务。随着生产线调整的频仍，员工的潜能和素质得以不断开发和提高，部门或团队的独立处理问题的能力和整体协调能力得以不断提升，从而可以大大增强企业的应变能力。供应链管理在顾客和生产商之间搭建起畅通的桥梁，端到端的订单交付流程就成为整个流程中的重中之重，而快捷则是其中最为表象化的一个指标。"整个交付链条上的各个环节，都需要被全面打通。只有当不同环节各自的目标明确、操作规范时，整个链条的信息流、商务流和实物流才能实现高速运转。"与"快捷"的特性相比，"柔性"就更须体现"随需应变"的特征，更多的情况下，它所面对的是千变万化的市场形势。比如说，当市场需求忽然放大或缩小的时候，供应链是否有能力迅速进行修复，各种配置如何在短时间内实现适度的改变，这就是"柔性"所最需要体现的方面。

4. 快速流动

订单到交付的循环被扁平化。存货可以忽略。交付日期十分可靠。最终产品的储藏室就是快递客车。订货至交运时间缩短，交运方式也能配合顾客需求，公司的存货降低。

在信息化时代，企业制胜的武器就是速度。因为存货不仅仅是物的本身而且是流动的资金，所以必须实现存货"不落地、不停留"。21世纪，企业与企业之间的竞争不再是质量、成本之间的竞争，而是供应链与供应链之间的竞争。

一是企业内部管理的扁平化。在传统的管理模式下，企业以劳动分工和职能专业化为基础，组织内部的部门划分非常细，各部门的专业化程度较高。这种组织形式及与其相伴的业务流程适合于市场相对比较稳定的环境。而要适应顾客需求变化快的特点，就必须以订单驱动现代企业运作中的采购、制造、销售。以订单信息流为中心进行业务流程再造，将企业组织结构从层级式的职能管理方式改变为扁平化的组织结构，企业所有的部门都能够同步面对订单快速响应，存货快速流动。产品本部的职责是创造订单，通过了解市场和用户的需求，开发出能够满足需求的产品，同时将用户的需求转化为可执行的订单。订单信息通过信息系统同步传递到产品事业部和物流推进本部。产品事业部的职责是执行订单，物流推进本部在流程中的作用是加速订单流，根据销售订单转化的采购订单进行原材料采购，并配送给产品事业部生产成品，随后物流推进本部再负责将成品配送到全国的用户手中。在这个流程里，如研发、人力、质量、设备等都作为保证订单的支持流程存在。

二是整个供应链的扁平化。供应链包括产品在满足客户需求的过程中对成本有影响的各个成员单位，从原材料供应商、制造商到仓库再经过配送中心到渠道商。供应链管理的目的在于追求整个供应链的整体效率和整个系统费用的有效性，力图使系统总成本降至最低。因此，供应链管理的重点不在于简单地使某个供应链成员的运输成本达到最小或减少库存，而在于通过采用系统方法来协调供应链成员以使整个供应链总成本最低，使整个供应链系统处于最流畅的运作中。实行供应链扁平化有利于更好地满足消费者的需求，了解市场真实信息。只有供应链扁平化，厂家在终端与消费者做直接、互动的沟通，做好售前、售中、售后服务，才能更好地满足消费者的需求，了解消费者的真实需求，利于企业更好地开发产品。供应链扁平化、强化终端有利于管理和服务经销商，又有利于控制和驾驭经销商。供应链扁平化不是摒弃经销商，其核心是重视终端，操作的手法是通过对终端的精耕细作，更好地实现对经销商的服务和管理，同时也从根本上控制和驾驭了经销商。

5. 数字化

信息系统形成网络的中枢支柱，让顾客、生产者与供应商的价值增值活动协调配合。

价值网络越来越受到企业的重视，一个主要的原因就是相关主体间的信息沟通变得越来越便捷，数字化是保证价值网快捷性、可靠性和高效性的基础。充分利用互联网、内部网、外部网、资源计划软件等，建立与顾客、供应商以及内部员工之间数字化的沟通，便于做出快速有效的决策，快速、敏捷响应市场变化。数字化的关系网络可以迅速地协调网络内的企业、客户及供应商的种种活动，并以最快的速度和最有效的方式来满足网络成员的需要和适应消费者的需要。此外，当企业不能充分利用自己积累的经验技术和人才或者缺乏这些资源时，也可以通过建立网络关系实现企业间的资源共享，相互弥补资源的不足。

在价值网络中，当有关组织掌握的资源有多种用途或其需要的资源存在多种选择时，网络中信息交流与处理的方式、技术水平、信息准确性和及时性的保证程度极大地影响着价值创造活动的进行。另外，由于信息本身就可以参与或帮助人们进行价值创造，掌握了信息、信息配置方式及信息处理技术，在很大程度上就掌握了控制价值网络的主动权。

第三节　电子商务中物流服务的竞争优势

一　电子商务中物流服务的杠杆作用

（一）物流服务是电子商务的关键环节

电子商务是通过互联网进行商务活动的新模式，它集信息流、商流、货币流、物流于一体，贯穿了整个贸易交易过程，是网络经济和现代物流一体化的产物。一项完整的商务活动必须通过信息流、商流、物流、资金流四个流动过程有机构成①。尽管电子商务通过快捷、高效的信息处理手段可以比较容易地解决信息流、商流和资金流的问题，在网上可以轻而易举地完成商品所有权的转移，互联网可以解决商品流通的大部分问题。但是，互联网却无法解决商品的实体流通和配送，最终的资源配置还需要通过商品实体的转移来实现。没有低成本的、适时的、适量的物流服务，电子商务所具有的优势就难以得到有效的发挥，没有一个与电子商务相适应的、高效的、合理的、畅通的物流体系，电子商务就难以得到有效的发展。因此，物流服务成为电子商务实现过程中一个必不可少的关键环节。

1. 物流服务保障生产

无论在传统的贸易方式下，还是在电子商务下，生产都是商品流通之本，而整个生产过程的顺利进行需要各类物流活动支持。合理化、现代化的物流，通过降低费用从而降低成本、优化库存结构、减少资金占压、缩短生产周期，保障了现代化生产的高效进行。相反缺少现代化的物流，生产将难以顺利进行，无论电子商务是多么便捷的贸易形式，它仍然无法生存和发展。

2. 物流服务支撑商流

在商流活动中，商品所有权在购销合同签订的那一刻起，便由供方转移到需方，而商品实体并没有因此而移动。在电子商务方式下，消费者通过上网点击购物，完成了商品所有权的交割过程，即商流过程。但电子商务的活动并未结束，只有商品和服务真正转移到消费者手中，商务活动才告以终结。随着电子商务的进一步推广与应用，物流的重要性对电子商务活动的影响日益明显，在整个电子商务的交易过程中，物流实际上

---

① 吴忠等：《电子商务中的物流配送瓶颈及其解决方案》，《商业研究》2004 年第 22 期。

是以商流的后续者和服务者的姿态出现的。没有现代化的物流，任何商流活动都只能是一纸空文。

3. 物流服务是实现"以顾客为中心"理念的根本保证

电子商务将成为未来商务交易的主要形式，这主要得益于其"以顾客为中心"的经营理念以及诸多传统商业无法与之媲美的优势。电子商务在最大限度上方便了最终消费者。顾客足不出户就可以在网上搜索、查看、挑选，就可以货比三家，选择物美价廉的商品并完成购物过程，从而提高了整个交易过程的效率，节省了大量的时间和成本损耗。但是，假如他们所购的商品迟迟不能送到，或者商家所送并非自己所购货物，其结果可想而知。消费者势必会放弃电子商务，选择更为安全可靠的传统购物方式。在电子商务的交易过程中，直接面对顾客的物流服务水平的高低决定了顾客的满意程度，同时也决定了电子商务能否成功实现。因此，必须在现代物流技术和物流信息系统的支持下，建立一个能快速、准确地获取销售反馈信息和配送货物跟踪信息的物流配送体系，才能将商品快速而完整地送达客户手中，从而不断满足消费者对商品的品质要求及服务内容不断提高的需求①。

（二）物流服务是电子商务中竞争优势的重要源泉

电子商务的发展对物流服务提出了更高的要求，从原材料的采购供应到产成品的销售运输以及最终顾客的配送服务，都需要一个完善的物流体系来支撑整个商务流程的交易活动，做到及时准确的物流服务、简捷快速的配送流程、尽可能低的成本费用和良好的顾客服务水平。在这样的需求下，物流必须向信息及时化、网络电子化、规模经济化和智能自动化的方向发展，才能与电子商务发展的要求相协调，否则，物流将无法适

---

① 范月娇：《电子商务发展的物流瓶颈问题分析》，《商业时代》2004 年第 17 期。

应电子商务发展的要求①。

　　"竞争"在市场经济中无处不在。企业参与市场竞争要解决两个战略性的问题。一是成本领先优势。在许多产业里，一个典型的竞争者往往是低成本的生产者，他们通过规模经济效应，使固定成本在更大的产量上分摊。而现代物流管理能够提供多种渠道来提高效率和生产率，从而有助于大规模降低单位成本。采用成本优势战略的管理者，如果能够维持较低的成本，就可以取得成本上的地位。如果存在进入或迁移障碍影响组织竞争者模仿这种资源，成本优势是可以持续的。物流杠杆作用需要的基础投资形成了这种进入障碍。二是差异化。一个企业如果能在某方面具有对买方有价值的独特性，才能将它与它的竞争者区分开来②。差异的维持依靠两点，持续的、可感知的、对顾客的价值和竞争者模仿能力的缺乏。此外，波特界定的持续性的驱动器与物流相关。"差异化的资源是多重的"，所谓驱动器被界定为"如果差异基于多种资源而不是在于单一因素，如产品设计，差异化战略的维持通常是最好的"。以美国市场联合会的定义，这种维持的驱动器直接与物流相关。"公司内部组织、公司外部代理、经销商、批发商和零售商的构造，日用品、产品和服务以此来交易。"③此外，竞争者想复制另一个企业达到的物流杠杆作用会发现很难。因为，这需要独特的、有经验和渠道商各方面很好的协调关系。因此，一种优越的物流渠道结构能产生竞争优势④。而且，这种优越性的基

　　① 吴新宇等：《物流：电子商务的基石》，《中国软科学》2000 年第 11 期。

　　② Day, George, "The Capabilities of Market-Driven Organizations", *Journal of Marketing*, No. 4, 1994.

　　③ Baker, Michael, *Dictionary of Marketing and Advertising*, 2nd Edition, New York: Nichols Publishing, 1990.

　　④ Bowersox, J. Donald and David J. Closs, *Logistical Management*, 3rd Edition, New York: McGraw-Hill, 1996.

础本质使它难以模仿①②，因此，竞争优势是可持续的。

物流杠杆作用能够帮助企业通过波特定义两种竞争优势，使企业取得和保持一种地位优势：成本和差异化。公司基层的变化是物流杠杆作用持续的关键。例如，战略公司关系能导致联盟，这是竞争难以达到的。物流联盟是供应链中各方价值附加活动技术优势的扩展。例如，McDonald 拓展它的整个物流作用，使其集中于核心业务③。这种联盟也可以产生产品和方法创新，在整个市场战略中成为有价值的资源。例如，Robin 设计了运输拖车，可以在一般的拖车到不了的地方自动装卸，从而使 General Motors 得益于高效率的原料操作建立了生产装配线④。

二　基于电子商务的物流服务成本领先优势

目前，在我国工业企业生产中，直接劳动成本占总成本的比重不到10%；而物流费用占商品总成本的比重；从账面反映约为40%；全社会物流支出约占 GDP 的18%。在商品的整个生产销售中，用于加工和制造的时间仅为10%左右，用于物流过程的时间几乎为90%。我国库存商品沉淀资金不断走高，占国内生产总值的近50%，而国际公认的库存商品与 GDP 的比例，发达国家一般不超过1%，发展中国家不超过5%⑤。随着科技

①　Ellram, M. Lisa and Martha C. Cooper, "Supply Chain Management, Partnerships, and the Shipper-Third Party Relationship", *The International Journal of Logistics Management*, Vol. 1, No. 2, 1990.

②　Ellram, M. Lisa and Martha C. Cooper, "A Managerial Guideline for the Development and Implementation of Purchasing Partnerships", *International Journal of Purchasing and Materials Management*, Vol. 27, No. 3, 1991.

③　Bowersox, J. Donald, "The Strategic Benefits of Logistics Alliances", *Harvard Business Review*, Vol. 68, No. 4, 1990.

④　李垣等:《基于价值创造的价值网络管理：特点与形成》,《管理工程学报》2001 年第 4 期。

⑤　Douglas M. Lamnbert, L. Terranee, "Pohlen, Suply Chain Metries", *International Journal of Logistics Management*, Vol. 12, 2001.

的不断进步和经济的快速发展，企业面临的由需求多样化和产品经济生命周期不断缩短所带来的经营压力越来越大。

现代企业物流不仅仅是物的流动，它是企业一体化管理中不可分割的重要组成部分，是现代企业取得竞争优势的一个重要手段①。1962 年，著名经济管理学家彼得·德鲁克（Peter Drucker）在《财富》杂志上，以《经济领域的黑暗大陆》为题讨论了物流这一领域，首次明确提出物流是节约成本的最后领域，并被视为企业的"第三利润源泉"。

电子商务条件下，物流成本是许多行业的主要成本源，有些行业的物流成本占企业总成本的比重高达 60%。目前，国内外实行电子商务的企业，虽然其网上销售额迅速增长，但真正能够赢利的却不多，原因在于其物流成本高、效率低。适应现代电子商务的物流系统的功能应该是把准确数量的准确产品（指产品的性能、质量、型号等）在准确的时间内，以最低的费用送到客户手中，它直接影响到从事电子商务的企业在价格、交货期、服务、质量等方面的竞争力。因此，电子商务需要适合其特点的现代物流业的支持。国际上许多从事电子商务的优秀企业，由于具备了适应电子商务需要的物流服务而在网络经济竞争中占据优势。如戴尔计算机公司，由于其先进的物流系统，能够对客户的需求做出快速反应，其用于交货、库存等方面的流动资金成本仅占全部收入的 1.15%。正是由于卓越的物流系统管理，戴尔使其网上销售额每年都以 35% 的增长率发展。又如著名的网上虚拟书店 Amazon，其管理层只有 9 人，没有真正的门面书店，没有多大的库存量，但却可提供 250 万种图书，可以发送到 160 多个国家，2014 年销售额高达 775 亿美元。

物流服务通过比竞争对手更有效率的方式执行价值创造活动是建立和保持企业成本优势的保证，也是现代企业在竞争中

---

① 陈文玲：《中国物流产业发展前景与政策建议》，《物流技术与应用》2001 年第 4 期。

取胜的关键。企业可以从优化企业内部物流服务、协调内外物流服务体系两个层面实现成本领先优势[①]。

（一）协助实现规模效益

在规模经济效益的概念下，生产和销售的数量成为企业产品成本优势的基础，通过使包括生产成本在内的所有固定成本在更大的产量上分摊降低单位成本。随着多品种、小批量生产时代的到来，通过传统的大规模生产获取成本优势、生产率优势将越来越不现实。现代化的物流系统，不仅仅担负将产品从原材料到产成品的运转使命，而且它一头联系着供应商，一头联系着客户。因此，物流系统同时还担负了企业需求信息渠道的作用，正是通过高效物流系统的需求信息快速、准确的采集和反馈，才使企业走上大规模定制的道路，实现面向市场需求柔性生产的可能。减少了企业盲目生产导致产品滞销带来的浪费后果，降低了企业的生产成本。而且，有资料表明，流通费用在整个企业的成本中占据较大比重，物流成本是流通费用中的最大部分。作为"企业第三利润的源泉"的物流，其成本具有很大的弹性。通过对企业整个物流流程的根本性重组，不断优化企业的供应链管理，缩减物流提前期，大幅度降低庞大的物流费用，进而降低单个产品的成本，在物流环节获得规模经济效应[②]。

（二）优化企业业务流程

物流作为企业的主要业务流程之一，具有黏合作用，物流活动本身渗透到了产品价值增加和实现的各个环节，与企业许多活动联系在一起。如果企业各职能部门按照本部门效率最大化的目标单独行事，往往造成企业整体效率目标难以实现。以

[①] 陈文玲：《中国物流产业发展前景与政策建议》，《物流技术与应用》2001 年第 4 期。

[②] 曾祥云：《论现代企业物流与企业竞争优势》，《价值工程》2003 年第 3 期。

顾客为中心而开展的物流流程由于其目标的单一性，需要企业各部门间相互协作才能完成。企业通过根据物流流程的组织重组，可以大大简化企业的组织机构，减少组织内部不必要成本活动的发生，减少了企业内部资源的无用消耗，提高了企业的整体动作效率和市场需求反应的灵敏度。企业业务流程优化带来的不仅仅是物流费用的节约，也使物流相关活动的费用得到了节约，有效地降低庞大的物流费用，进而降低了企业的总成本和单个产品的成本。例如，我国著名的家电企业海尔在 2000年进行物流创新后，当年采购成本节约 1000 万元，产品库存时间由以前的平均 30 天降低到 13 天，库存成本由以前的 15 亿元降低到 7 亿元[①]。实践表明：高效物流措施的实施有效地加强了部门之间的联系，降低了企业内部因为联系的不畅和子目标的相互抵触而造成的成本和资源浪费，大大提高了企业的产品成本优势。

（三）缩短产品上市周期

在规模经济效益的概念下，生产和销售的数量成为企业产品成本优势的基础。据统计，产品在其上市周期中的 90% 以上的时间都处在流动的过程中，如果生产的大量产品没有良好的物流系统将它由制造商经由中间商送到用户手中，大量的产品积压在仓库里，承受着利息、资金积压和产品滞销贬值的三重压力，企业的规模效益可能变成规模亏损。加快产品在上市过程中的流动速度，缩短产品的上市周期将在资金流动加快，产品销量增大，库存费用减少等方面给企业带来巨大的利润和产品成本优势，先进的物流系统正是实现这些目标的关键。例如，日本丰田公司等实行精益物流和精益生产后，产品开发时间可减少 50%，订货时间减少 75%，仓库和储存面积减少了 50%，生产时间减少了 90%，生产率提高了 30%—50%；产品成本降

---

① 邵晓峰等：《电子商务与电子商务物流》，《商业经济与管理》2000 年第 5 期。

低5%—20%[①]。

（四）整合供应链价值网

在零售商需求信息的带动下，价值网成员实行分工合作的生产经营方式，从原料采购、加工生产、分销配送到商品销售给顾客，各个环节都发挥着高效率的协同效应，从而使价值网建立了一个最优化的商品供应体系[②]。人们将供应链价值网进行整合，有效消除物流活动本身和运输、仓储、装卸、搬运、配送、物流信息等物流要素重复、浪费与不确定性，减少低效或低值的环节，从而大大降低成本。主要形式有：供应链各个主体企业共同利用某些物流设施，如仓库、车辆等；供应链上各个企业主体相互利用各自的物流优势进行互补，如有些零售商的库存是通过供应商来进行管理的。其供应链各个主体企业共享整个供应链的物流有关信息，如各方共享其他方的库存信息等。在这个体系中，信息代替了库存，通过电子数据交换（EDI），每个节点成员都能及时、清楚、准确地掌握整个网络中原材料、在制品和制成品的流动情况，在途运输或配送的情况，库存状况，商品销售情况和顾客需求状况，每个节点活动的开展均能以最大限度满足顾客需求为目的。这样供应链价值产出方式的协同性和价值创造目标的一致性不仅使物流和库存费用大为节约，而且使整体经营成本降低，处在最终环节的零售企业不仅能以高品质产品快速反应市场需求，而且物流成本的降低赢来了成本竞争优势的提升以及服务水平的提高。据有关资料统计，供应链管理的实施可以使企业总成本下降10%，按时交货率提高15%，生产周期缩短25%—35%，生产率增值10%以上，资产运营业绩提高15%—20%。欧洲执行委员会的

---

① 颜月霞等：《物流与企业竞争优势探析》，《石家庄铁道学院学报》2006年第2期。

② 周行：《海尔现代物流同步模式提升企业核心竞争力》，《物流技术与应用》2002年第1期。

统计也显示，欧洲的许多制造商、零售商和咨询公司，通过有效的供应链管理，在欧洲食品销售中一年就节省 270 亿美元的成本，库存减少了 40% 以上，经营成本减少了 48%。

此外，在以顾客为导向的经营思想的推动下，价值网成员企业合作程度逐步提高，这促进了满足消费需求的新产品的创造。为使企业的产品更能适应市场需求的快速变化，在实践中，产品的设计会尽量采用标准化和模块化，生产流程和制作工艺则趋于简易化，使生产的灵活性和市场反应速度大大提高了。而作为流通环节的库存则可以进一步降低数量和费用，产品的分销也变得简单化。这一连串的反应最终导致的结果是零售商能为顾客提供更为物美价廉的商品和服务。世界第一大零售商沃尔玛在实行供应链价值网管理模式后提出"天天平价"的促销口号，这归功于它带动成千上万家供应商和生产商协同合作。在这个价值网络中，先进的电子数据交换系统、持续补货计划（Continuous Replenishment Plan）、灵活制造系统以及遍布各地的配送体系支撑了沃尔玛的低库存和合理物流，使它能每年以 25% 的速度增长。

可见，物流服务成本优势的提升很大程度上得益于价值网整体资源的优化，但是，资源能否得到优化配置，价值产出能否最大化以及成本最小化的实现却要视价值网成员的核心实力以及网络的协同程度。因此，物流服务成本优势的提升应是以其对供应链价值网具备高度的整合协调能力为前提的。

三　基于电子商务的物流服务差异化优势

技术的飞速发展和市场激烈竞争的结果，使得商品在质量方面的差别越来越小，商品质量不再成为顾客消费选择的单一标准，顾客越来越看重供应商能否量体裁衣，根据自身的特定需求提供差异化、个性化的服务。虽然顾客的个性化服务需求并不是因为有了电子商务才出现，但是电子商务借助互联网，为个性化服务提供了比较充分的条件①。顾客可根据自己的需要和喜好向电子商务企业提出偏离普通产品或服务标准的需求，要求企业在尽可能短的时间内向其提供定制的产品或服务②。

现代企业竞争，实际上是对客户的竞争，企业的客户服务战略是创造竞争优势的决定性因素之一。随着经济发展和科技进步、国际国内竞争日益加剧，传统制造领域的技术和产品特征优势正在逐渐淡化③。许多企业不得不开发具有竞争优势的新领域，而差异化服务代表了有潜在利润的新领域，成为企业寻求竞争优势的主要目标。利用差异化物流服务战略取得竞争优势，它的基本思想是企业的长期快速发展取决于能否吸引和拥有行业中最成功的客户④。以顾客为导向的物流服务要求企业把各种资源集中在首选的关键客户身上。而这些客户选择供应商优先考虑的是其物流能力及服务水平，只有企业提供的物流服务使客户充分满意⑤，才能取得客户的信赖和源源不断的订单，企业才能获得独特的市场，而建立竞争优势的捷径就是开展差异化物流服务⑥。

（一）物流服务预测顾客期望价值的改变

奥利弗（R. L. Oliver）认为，顾客满意度是顾客需要得到满足后的一种心理反应，是顾客对产品的期望与实际感知绩效之间的差距进行评估之后的产物，它反映了顾客的一种感知状

---

①　[日]门田安弘：《新丰田生产方式》，王瑞珠译，河北大学出版社2001年版。

②　陈翠文：《领导供应链价值网：零售商提升竞争优势的重要途径》，《经济论坛》2006年第20期。

③　高丹：《B to C电子商务顾客满意度的评价指标浅析》，《电子商务》2004年第6期。

④　林小瑞：《第三方物流服务质量与顾客对网店忠诚度的关系研究》，硕士学位论文，中北大学，2012年。

⑤　汪纯孝等：《顾客满意感与忠诚感关系的实证研究》，《南开管理评论》2003年第20期。

⑥　尹立新：《差异化战略在企业物流服务中的运用》，《黑龙江对外经贸》2005年第8期。

态水平①。当实际的服务效果"达到"或"超过"顾客的期望时，顾客便会感觉获得了理想的或满意的质量，即顾客满意，反之将导致顾客的不满。显然，同样的产品或服务质量，判断这种满足程度的标准不一样，顾客的心理感知就不一样。因而，顾客期望价值成为顾客感知的标准，也成为企业在市场竞争中必须要准确把握的关键因素。

　　大量的研究和实践，使我们已经广泛认识到市场是动态的，顾客期望价值也处于不断的变化之中。但是，试图预测特定顾客期望价值如何发生这些改变常常被认为几乎是不可能的。对顾客期望价值的改变一般有三种处理方式②：其一，使自身变得非常灵活，以便对变化快速反应；其二，长期跟踪宏观经济发展趋势；其三，由企业自己去驱动顾客期望价值的变化。第一种和第三种方式根本就放弃了预测的尝试。第二种方式等待改变变成趋势。如果要预测将来顾客期望价值是什么，我们必须知道顾客期望是如何改变的，除非我们知道这些，否则预测的努力是无效的，放弃预测的尝试也还为时太早。

　　顾客选择商品和服务以及这些产品、服务的提供商，是基于其能够为他们创造的价值如何。理解顾客价值是什么，十分复杂，因其包含多方面。顾客价值的一个综合界定是"顾客对产品特征、性能和结果的感知和评价，来自使用中的便利（或困难）以及实现顾客目标和意图的感知"。对于顾客价值的定义虽然不同，但是有相同的"权衡"的理念，如质量和价格之间或收益与代价之间的选择，即同样的价格高质量或以较少的代价获得较多的收益。管理者通过诸如销售数据和促销报告分析等间接含义，能够获得对顾客价值的某种理解。然而，最深入

　　① R. L. Oliver, "A Cognitive Model of the Antecedents and Consequences of Satisfaction Decisions", *Journal of Marketing Research*, Vol. 17, No. 4, 1980.

　　② Daniel J. Flint, John T. Mentzer, "Logiticians as Marketers: Their Role When Customers' Desired Value Changes", *Journal of Business Logistics*, 2000, pp. 19 – 46.

的洞察来自研究目的的与顾客直接互动，观察他们的运作、会议，公开地倾听他们的观点、他们对市场环境的解释和战略探讨。物流服务为顾客创造重大价值，因为他们对顾客整体价值感觉的利润和代价方面都有潜在影响[①]。

物流服务广泛、深入的接触和了解顾客，为预测顾客期望价值提供了一种有效途径。电子商务的迅速发展使传统的商务活动形式发生新的变化，商务以及与商务活动相关的各种信息都借助互联网以数字形式被采集、存储、处理和传输，从采购到商品销售全过程都将全部电子化。正是由于电子商务的数字化特点，它使得商务活动中的商流、资金流和信息流都能够在计算机网络中迅速传输，形成"三流合 e"的商务模式，这使得现代商务活动朝着"无纸"商务、信息商务、快速商务的方向发展。也正因如此，电子商务各参与方之间以电子方式而不是通过物理交换或直接物理接触完成业务交易。只有物流环节处于供给者与客户的中间环节，可以通过物流服务实现与客户的零接触，第一时间获得客户的各种最真实的意见、需求和反映，实现与客户的信息互动。

（二）物流服务协调设计生产

信息时代的到来，顾客需求个性化凸显，对产品的要求越来越高。产品生命周期缩短，产品品种数量膨胀，产品交货期限和服务质量的要求越来越高。传统的产品设计和物流服务分离的管理模式已不能适应企业在激烈的市场竞争中的需要。现在的物流服务体系把产品的设计、制造作为物流服务的一个环节，物流服务比过去更早地投入到设计项目中来，以使物流服务的设计能够与产品特征相协调，最好地满足变化中的顾客期望价值。

---

① Daniel J. Flint, Everth Larsson, John T. Mentzer, "Logistics Innovation: A Customer Value-oriented Social Process", *Journal of Business Logistics*, Vol. 26, No. 1, 2005.

产品为顾客创造价值，从某种程度上说，产品是企业存在与发展的根本。顾客价值则因人存在着意识而分化为价值抽象和价值具体。顾客追求的是价值抽象，其需要以价值具体把概念中的抽象世界具象化，成为现实的存在。这种价值具体就是产品创造的①。现代意义上的产品是由核心产品（产品的基本功能）、有形产品（质量、包装、品牌、特色等）和附加产品（提供信贷、交货及时性、安装使用方便性及售前售后服务）等三大层次构成。

顾客期望价值在本质上是个体性的，世界上没有两个消费者拥有相同的自然和社会关系，这就决定了他们不可能具有完全相同的价值。要做到真正意义上的以顾客为中心的设计、生产，关键在于积极主动、深入细致地做好与消费者的沟通，包括设计前、设计中和设计后，了解他们的期望和关注点。既要明确横向上的消费者需求的不同层面，及时、准确地发现顾客尚未满足的需要，从而适时地开发新产品，也要充分了解、把握顾客期望价值纵向上的变化趋势。顾客期望价值的一个真正改变是对供给者配送系统，而不仅仅是产品的期望。这意味着一个关键供给者必须在大量供给者中，在顾客利益上协调产品和物流。这个关键供给者集合包括其产品，也包括其他供给者的产品和配送的完全系统，让顾客（通常是汽车制造商）直接安装他们的产品。创造这种价值最大的障碍是所要求的物流协调。

第四节　本章小结

本章主要就电子商务时代企业竞争优势体现出新的特点，价值网及价值链构成出现变化，及其对物流服务的依赖等方面

---

① 竹剑：《顾客价值》（http：// www. emkt. com. cn, 2002205210）。

进行分析，并进一步理解电子商务下物流服务带来的竞争优势。

　　电子商务下企业竞争方式已经由产品竞争向服务竞争转变；竞争主体由企业之间的竞争向价值链整体竞争转变；竞争资源从传统人、财、物竞争到知识、信息资源竞争转变；竞争领域由国内向国际转变。这种转变带来电子商务价值发现及价值链构建的研究。而物流服务是电子商务落地的根本手段，其对电子商务价值的实现具有重要意义，其对电子商务的杠杆作用、成本影响和差异化竞争都具有重要影响。

第五章　网络零售物流服务质量与竞争优势关系分析

第一节　顾客满意打造竞争优势

一　顾客满意概述

（一）顾客

1. 顾客的含义

顾客原指购买物品、商品的人，现解释为消费者。顾客是商业服务或产品的采购者，他们可能是最终的消费者、代理人或供应链内的中间人。在市场学理论中，供应商必须营商事前，了解顾客及其市场的供求需要，否则事后的"硬销"广告，只是一种资源的浪费，又不环保。在客户服务中，有一种说法，"顾客永远是对的"。不过各方有不同的演绎，如"顾客"二字的个别定义。顾客一词源于习惯。一个顾客是时常探访某店铺的人，他常在该处购买，和店东维持良好关系。

国际标准化组织（ISO）将顾客定义为：接受产品或服务的组织或个人。

2. 顾客的分类

按接受产品的所有者情况分，有内部顾客和外部顾客两类。

内部顾客：指组织内部的依次接受产品或服务的部门和人员。可以是产品生产流水线上的下一道工序的操作者，也可以是产品或服务形成过程中下游过程的部门，或者是帮助顾客使用产品或服务的代理人。包括股东、经营者、员工，另外，根据"接受产品的组织或个人"这一定义，在一道生产线中，接受上道工续的产品的下一道工序可理解为上一道工序的顾客。内部顾客按接受产品的顺序情况分为过去顾客、目标顾客和潜在顾客三类：过去顾客是已接受过组织的产品的顾客；目标顾客是正在接受组织的产品的顾客；潜在顾客是可能接受组织的产品的顾客。

外部顾客：指组织外部接受产品或服务的组织和个人。例如，消费者、委托人、零售商和最终使用者等。包括最终消费者、使用者、受益者或采购方。分为忠诚顾客、游离顾客、潜在顾客等。

（二）服务

1. 服务的含义

"服务"在古代是"侍候，服侍"的意思，随着时代的发展，"服务"被不断赋予新意，如今，"服务"已成为整个社会不可或缺的人际关系的基础。社会学意义上的服务，是指为别人、为集体的利益而工作或为某种事业而工作，如"为人民服务"，他在邮电局服务了15年。经济学意义上的服务，是指以等价交换的形式，为满足企业、公共团体或其他社会公众的需要而提供的劳务活动，它通常与有形的产品联系在一起。到目前为止，对服务还没有一个权威的定义。

1960年，美国市场营销协会（AMA）最先给服务下的定义为："用于出售或者是同产品连在一起进行出售的活动、利益或满足感。"这一定义在此后的很多年里一直被人们所广泛采用。

1974年，斯坦通（Stanton）指出："服务是一种特殊的无形活动。它向顾客或工业用户提供所需的满足感，它与其他产品销售和其他服务并无必然联系。"

1983年，莱特南（Lehtinen）认为："服务是与某个中介人或机器设备相互作用并为消费者提供满足的一种或一系列活动。"

1990 年，格鲁诺斯（Gronroos）给服务下的定义是："服务是以无形的方式，在顾客与服务职员、有形资源等产品或服务系统之间发生的，可以解决顾客问题的一种或一系列行为。"当代市场营销学泰斗菲利普·科特勒（Philip Kotler）给服务下的定义是："一方提供给另一方的不可感知且不导致任何所有权转移的活动或利益，它在本质上是无形的，它的生产可能与实际产品有关，也可能无关。"我们也可以这样来理解服务：服务就是本着诚恳的态度，为别人着想，为别人提供方便或帮助。

2. 服务的形式

服务的提供形式包括：在顾客提供的有形产品（如维修的汽车）上所完成的活动；在顾客提供的无形产品（如为准备税款申报书所需的收益表）上所完成的活动；无形产品的交付（如知识传授方面的信息提供）；为顾客创造氛围（如在宾馆和饭店）。

3. 服务的特征

服务的特征包括：不可分离性；品质差异性；不可储存性和所有权不可转让性。

（三）顾客期望

1. 顾客期望的含义

顾客期望在顾客对产品或服务的认知中起着关键性的作用。顾客正是将预期质量与体验质量进行比较，据以对产品或服务质量进行评估，期望与体验是否一致已成为产品或服务质量评估的决定性因素。期望作为比较评估的标准，既反映顾客相信会在产品或服务中发生什么（预测），也反映顾客想要在产品或服务中发生什么（愿望）。

Muth（1961）较早对期望理论进行了研究，提出了理性预期假说。Vroom 在其偏好与期望理论中认为一个人在选择时，都会给每个可供选择的行动方案的结果分配一个价值（也称为效价），效价反映了人们的期望以及对不同被选方案及其结果的偏好程度。Aderson（1973）指出顾客期望是评价顾客满意的标准，当绩效高于期望时就满意，低于期望就不满意（Parasuraman，1985）。Fornell（1992）指出期望是顾客对过去所有消费经历的综合反映，所以研究整个市场或行业的顾客期望有利于合理预测消费者未来的行为，指导企业的决策。Richard（1996）认为期望是顾客对某种产品或某项服务在将来某个时候的特征或质量所持有的信念。包含两个方面的含义，一是发生的可能性；二是对发生事件的评价。同时，Richard 还指出愿望（Desires）是产品或服务的特性、利益导致顾客对价值层次的评价。两者的区别在于，期望是产品或服务与某些特性、利益相联系的可能性的信念，它面向将来，相对易变；而愿望是对这些特性、利益能否获得顾客价值的程度的评价，它面向现在，相对稳定。

可见，学者对期望没有一个统一的认识，ISO 9000 族标准中对顾客期望给出了一个相对完整的定义，即顾客在购买决策前期对其需求的产品或服务寄予的期待和希望。主要表现在三个方面：一是顾客对产品或服务质量在整体印象上的期望；二是顾客对产品或服务在可靠性方面的期望；三是顾客对产品或服务可以满足自己要求的程度的期望。

2. 顾客期望的层次

顾客一般通过多种渠道（如过去的经验、企业宣传、口碑等）获得服务的信息后，对服务企业及其提供的服务形成一种内在的"标准"，进而就会对服务企业及其服务形成期望，即顾客期望。顾客期望具有双重性质：一方面是吸引顾客消费的动力；另一方面又为企业的服务建立了评价顾客满意与否的标准。

1984 年，日本质量管理专家卡诺（Noritaki Kano）提出了 3 种类型的顾客期望：基本型期望、期望和兴奋型期望。3 种不同的期望的满足与否导致顾客不同的满意效果，他提出的学说被称为卡诺（Kano）模型，该模型的提出为顾客期望的研究奠定了基础。相对于满足不同期望层次的服务，其未达到、满足和超过顾客期望的程度与导致的顾客满意程度之间的关系呈现不同的规律。顾客对产品或服务的期望可以从低到高分成 3 个层次：基本期望；价格关联期望（和消费支出档次高低的价格相关联）；超值满足期望（顾客通常表达不出这种期望，但乐于接受超过他们预期的服务，并在接受到这种服务时往往流露出欣喜的表现）。这 3 种期望可分析为对应于 3 个层次的服务质量特性，如图 5 - 1 所示。

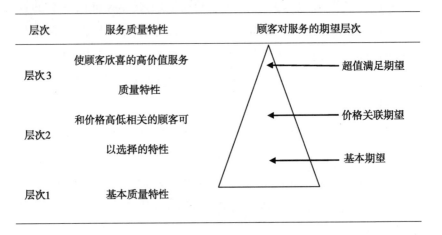

层次	服务质量特性	顾客对服务的期望层次
层次3	使顾客欣喜的高价值服务质量特性	超值满足期望
层次2	和价格高低相关的顾客可以选择的特性	价格关联期望 基本期望
层次1	基本质量特性	

图 5 - 1　顾客对服务的期望层次

基本期望：是指顾客认为服务组织至少应该提供的服务功能，又可以称是理所当然的服务质量特性。服务组织提供了这些服务功能后，顾客也不会感到特别满意。但若服务组织没有提供这些功能的服务，则顾客马上就会感到很不满意。例如，在宾馆服务中，客房清洁服务就属于这一类功能。客房被清洁完了，客人也不会特别在意，而如果客房没有打扫干净，客人马上就会不满意。这是由于在顾客看来，这类功能的服务是服务组织理所当然就应该提供的。因此，相对应于顾客基本期望的服务提供得再多也不会带来顾客满意的增加。

价格关联期望：这种期望高低和顾客消费支出档次的高低相关联，顾客支出的愈多，其期望愈高；反之亦然。在所提供的服务中实现价格关联期望越多，顾客的满意程度就越高；反之，如果实现得越少，顾客的满意程度就越低。一般情况下，价格关联期望代表了在市场调查中顾客所谈论的期望，体现了顾客的选择。例如，对于观看演出，观众可以选择几十元的一般演出，也可选择票价为 300 元一张的上海大剧院的演出。当观众购买 300 元的票时，他的价格关联型期望可能是位置好、能舒适地观看演出并且得到好的艺术享受。来到大剧院观看演出时，自然要求更好的演出和服务（即顾客对服务和演出的期望较高），当观众进入大剧院广场第一道检票处，遇到保安人员用上海话说"票子 NAI（拿）出来"而未使用礼貌用语"请您……"时，就会感到不满。

超值满足期望：这类期望是指顾客希望得到额外收获、额外满足的要求。如果没有提供满足这类期望的服务，顾客不会感到不满意，但一旦提供了满足顾客这类期望的服务，顾客往往就会格外地满意，甚至喜形于色。所以，满足这种顾客期望的服务又被某些服务管理专家称为提供了具有魅力的服务质量。由于连顾客自己都没有想到或注意到这类期望，所以，在市场调查时，顾客不会提及或表达出这类期望，它一般是在仔细观察顾客使用产品或消费服务的过程后才发现的。使顾客的超值满足期望得到满足，哪怕只是多提供了一点点使顾客意想不到的服务和优惠，就会导致顾客满意程度的明显提升。餐馆里的顾客在结束就餐后，服务员送上一份顾客并没有订的水果，会给顾客带来一分欣喜，从而导致顾客满意。然而这种使顾客满意的服务提供会在大多数餐厅里都采用这种服务时，使得其导致顾客满意的功效下降。此时，这种是曾起着达到超值满足期望的服务将降等为甚至只能起到满足顾客基本期望的服务，即若餐厅不提供这种服务时，顾客就会索取或导致顾客不满。服务业的管理者应当根据这种变化，不断进行服务提供内容、方式的调整，以满足顾客的期望。

(四) 顾客满意

1. 顾客满意的含义

"顾客满意"是顾客满意理论中最核心的概念。顾客满意 (Customer Satisfaction, CS) 的思想和观念早在 20 世纪 50 年代就受到世人的认识和关注。学者们对"顾客满意"的认识大都围绕着"期望—差异"范式。这一范式的基本内涵是顾客期望形成了一个可以对产品、服务进行比较、判断的参照点。"顾客满意"作为一种主观的感觉被感知，描述了顾客某一特定购买的期望得到满足的程度。Oliver, Linda (1981) 认为"顾客满意"是"一种心理状态，顾客根据消费经验所形成的期望与消费经历一致时而产生的一种感情状态"，Tse, Wilton (1988) 认为"顾客满意"是顾客在购买行为发生前对产品所形成的期望质量与消费后所感知的质量之间所在差异的评价，Westbrook, Reiily (1983) 认为"顾客满意"是"一种情感反应，这种情感反应是伴随或者是在购买过程中产品陈列以及整体购物环境对消费者的心理影响而产生的"。亨利·阿塞尔也认为，当商品的实际消费效果达到消费者的预期时，就导致了满意，否则，则会导致顾客不满意。菲利普·科特勒 (1996) 认为，"顾客满意""是指一个人通过对一个产品的可感知效果与他的期望值相比较后，所形成的愉悦或失望的感觉状态"。他认为留住顾客的关键是顾客满意。同时，科特勒提出了"顾客满意"的让渡价值理论，认为顾客让渡价值是顾客购买和消费产品或服务时所获得的整体顾客价值（包括产品价值、服务价值、人员价值和形象价值）与顾客为购买和消费产品所耗费的整体顾客成本（时间成本、精神成本、体力成本及其所支付的货币资金成本）之间的差额。顾客从能给他们最高顾客让渡价值的公司购买产品。戴尔公司对顾客满意的解释是"顾客满意是成功地理解某一顾客或某部分顾客的爱好，并着手为满足顾客需要而做出的相应努力的结果，是利用现有的人力资源、工作流程和信息工程等提供一种能满足或超过顾客期望的服务"。

上述对"顾客满意"的定义基本上可以概括为两种主要的观点：一种是以行为学为基础，认为顾客满意是购买后对购买中某种特定行为的评价，又被称为特定交易观点，是从顾客个人行为的角度出发的，重视对交易过程中直接与顾客打交道的人员的沟通技巧，认为销售人员的举止将影响到一笔交易是否成功。另一种观点强调顾客对购买行为的事后累积感受，认为顾客满意是对经过一段时间的购买和消费经历的总体评价，是衡量一个企业的过去、现在和未来业绩的一个基本指标。这两种观点并不矛盾，前者往往成为后者的基础。

ISO 9000：2000 对顾客满意的含义表述为：顾客满意是人的一种感觉状况水平，是顾客对其要求已被满足程度的感受。

2. 顾客满意的内容

对企业而言，"顾客满意"是成功理解部分顾客的偏好，并为满足顾客需要而做出相应努力的结果。随市场供求结构改变，市场竞争演变成为全面争夺顾客、满足顾客的竞争。企业的竞争力体现在赢得顾客的数量上，即企业提供的产品或服务是否能让顾客满意。同时，顾客满意也是企业产品或服务质量的最终标准，还是企业生存和发展的先决条件。企业视角的顾客满意包括：顾客对企业产品满意，顾客对企业服务满意，顾客对企业行为满意，顾客对企业理念满意，顾客对企业形象满意。

产品满意：是指企业产品带给顾客的满足状态，包括产品的内在质量、价格、设计、包装、时效等方面的满意。产品的质量满意是构成顾客满意的基础因素。产品满意是顾客满意的前提，顾客和企业的关系首先体现在产品细节上。企业要做到产品满意首先要了解顾客需求；其次要适应需求；最重要的是提供满意的产品。

服务满意：服务满意是指产品售前、售中、售后以及产品生命周期的不同阶段采取的服务措施令顾客满意。这主要是在服务过程的每一个环节上都能设身处地地为顾客着想，做到有利于顾客、方便顾客。服务满意首先要有服务意识，服务意识是经过训练逐渐形成的，作为一种意识，必须内化在员工的人生观里，成为一种自觉的思维意识；其次企业要建立完整的服务指标，服务指标是企业内部为顾客提供全部服务的行为标准，仅有服务意识并不能保证有令顾客满意的服务，企业还要建立一套完整的服务指标，作为服务工作的指导和依据；最后，员工对顾客的服务是否使顾客满意，必须进行考察。服务满意已经成为市场竞争的新焦点，提供满意的服务，是企业不断发展和掌握市场主动权的关键。

行为满意：是企业全部的运行状态带给顾客的满意度。行为满意包括：行为机制满意、行为规则满意、行为模式满意。

理念满意：是企业经营理念带给顾客的满意状态。它应包含经营宗旨满意、经营方针满意、经营哲学满意、企业质量观、服务观、顾客观满意等企业理念必须体现顾客为中心的这一思想。理念设置必须体现顾客第一的精神。

形象满意：这是企业可视性和可听性外在形象带给企业的内外顾客的满足状态。形象满意强调各个视听要素带给顾客的满意侧面。形象满意系统应包括企业名称满意、标识满意、标准色满意、标准字满意和应用系统满意等内容。

3. 顾客满意的特点

顾客满意具有主观性、层次性、相对性和阶段性四个方面的特点。

（1）顾客满意具有主观性

顾客满意是人的主观感觉水平，是人对需求满足的主观感受。正是因为顾客满意具有主观性，物流服务才应该加强与顾客的交流，重视顾客对物流服务的体验，增强顾客对服务质量的主观感受。

（2）顾客满意具有层次性

顾客满意具有 3 个层次：功能满意、品牌满意和整体满意。功能满意是指顾客对产品或服务的功能、性能感知满意，符合消费者的功能需求；品牌满意是指在功能的基础上，对产品或服务品牌的感知满意，让消费者产生文化认同，进一步感知精神满意；整体满意是指消费者对产品和服务的感知过程，包括功能、品牌等都满意。

（3）顾客满意具有相对性

由于产品和服务具有时效性，且消费者对产品或服务满意的感知具有动态性和主观性，因此顾客满意具有相对性，相对于特定的替代品、相近产品或服务、环境、服务人员素养等，顾客满意都有不同的体现。

（4）顾客满意具有阶段性

由于顾客满意具有相对性，且在不同的接触阶段具有不同的感知，因此顾客满意具有阶段性。如对某个产品的满意感知，可能有初始接触阶段的带怀疑的满意感知；到被产品或服务折服的满意感知；到重复购买中的高度认可。

（五）顾客忠诚

1. 顾客忠诚的含义

在营销实践中，顾客忠诚被定义为顾客购买行为的连续性。它是指客户对企业产品或服务的依赖和认可、坚持长期购买和使用该企业产品或服务所表现出的在思想和情感上的一种高度信任和忠诚的程度，是客户对企业产品在长期竞争中所表现出的优势的综合评价。有的学者认为顾客忠诚是反映顾客再次购买的心理意愿（Auh，Johnson，1997；Dick，Basu，1994）；还有的学者认为顾客忠诚是从顾客满意的概念引出的，是指顾客满意后而产生的对某种产品品牌或公司的信赖、维护和希望重复购买的一种心理倾向（Edvardsson 等，2000；Bolton，1998；Fornell 等，1996；Hallowed，1996）；也可以认为态度取向代表了顾客对该项服务积极倾向的程度（Ajzen，Fishbem，1980），反映了将该项服务作为首选服务并积极推荐的承诺（Gremler，Brown，1996），真正的顾客忠诚是伴随着较高的态度取向的重复购买行为（Dirk，Basu，1994）。同时，他们还认为顾客满意与顾客忠诚存在正相关关系，顾客满意度越高，顾客忠诚度就会越高，且依据顾客满意度测评结果可以预测公司的财务业绩和未来的盈利能力。20 世纪 90 年代后期，很多学者和实践专家（Mittal，1998；Mendelsohn，1998；Auh，Johnson，1997；Oliver 等，1997；Ngobo，1997）通过实证研究发现顾客满意度增加的幅度并不能带来顾客忠诚度同比例的增长，追求 100% 顾客满意是否能给企业带来最大的盈利成为争论的焦点。从实际测评来看，从顾客的一般满意发展到很满意这个阶段，顾客满意度的增加对顾客忠诚度的边际贡献比较大，从顾客的很满意发展到非常满意和 100% 满意阶段，顾客满意度的增加对顾客忠诚度的边际贡献减弱。

顾客忠诚的表现形式分两种，一种是顾客忠诚于企业的意愿；另一种是顾客忠诚于企业的行为，也指顾客回头率。前者对于企业来说本身并不产生直接的价值，而后者对于企业来说非常具有价值，是企业利润的主要来源。企业要做的是推动顾客从意愿向行为的转化，进一步提升顾客与企业的交易频率，积极消除和预防顾客的抱怨和投诉，不断提高顾客满意度，在企业与顾客之间建立起相互信任、相互依赖的质量价值链。同时，也可以理解顾客忠诚不仅是重复购买行为，更是一种高品质的心理倾向，是心理依恋与重复购买的内在的有机融合。顾客忠诚首先体现为一个心理学范畴，包含着顾客对某一产品或服务的高强度的心理依恋，包含着对产品或服务性能、品质等的信任，以及在需要该类产品或服务时，首选购买该产品或服务的责任。其次，顾客忠诚表现为在心理依恋下的购买该产品或服务的行动和对该产品或服务宣传推介。

2. 顾客忠诚矩阵

Griffin（1995）把态度取向和行为取向结合起来，依据顾客忠诚的心理依恋程度和重复购买行为将顾客忠诚分为四种状态，如图 5-2 所示。

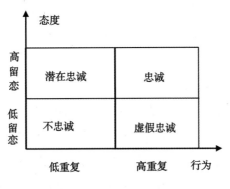

图 5-2　顾客忠诚矩阵

忠诚（Loyalty）：高留恋态度取向伴随着高重复购买行为，是态度取向和购买行为的最佳匹配。

潜在忠诚（Latent Loyalty）：高留恋态度取向伴随着低重复购买行为。由于行为规范、情景因素等非态度因素超过了态度取向的作用，妨碍了顾客的购买频率。

虚假忠诚（False Loyalty）：低留恋态度取向伴随着高重复购买行为。由于市场垄断、便利的位置等非态度因素超过了态度取向的作用，产生的高频率购买行为。

不忠诚（No Loyalty）：低留恋态度取向伴随着低重复购买行为，表明缺乏忠诚。

Kathleen Sindell（2000）进一步把虚假忠诚划分为垄断忠诚、惰性忠诚、潜在忠诚、方便忠诚、价格忠诚和激励忠诚。

Gremler 和 Brown（1996）从另一个视角提出，顾客忠诚可以依据其程度深浅，细分为三个不同层次：行为忠诚、意向忠诚和情感忠诚。行为忠诚是顾客实际表现出来的重复购买行为；意向忠诚是顾客在未来可能的购买意向；情感忠诚是顾客对企业及其产品的态度，其中包括顾客会积极地向周围人士宣传企业的产品。

可见，态度和行为是顾客忠诚的两个重要因素，通过态度和行为可以分析顾客忠诚度，但简单以态度和购买行为频率来判断顾客忠诚的高低，还是显得过于机械。

二　顾客满意度测评

（一）顾客满意度

顾客满意度（Customer Satisfaction Degree，CSD）是顾客消费后对消费对象和消费过程的一种个性、主观的情感反映，是顾客满意水平的量化指标，是从顾客对产品或服务的质量评价中抽取的潜在变量，是对传统的、具有物理意义的产品或服务的质量评价标准的突破，是人们对质量认识的飞跃，使不同的产品或服务之间具有了质量上的可比性。

（二）顾客满意度测评

1. 顾客满意度测评的含义

顾客满意度测评是通过定性或定量的方式方法，获得消费者对特定服务的满意度、消费缺陷、再次购买率与推荐率等指标的评价等方面的满意度水平信息；在此基础上，运用统计分析工具，挖掘满意度数据的信息，并与企业业务相关联，寻求业绩改进措施的过程。顾客满意度测评需要利用顾客满意度指数的概念。

顾客满意度指数（Customer Satisfaction Index，CSI）是把顾客期望、购买后的感知、购买的价格等方面因素组成一个计量经济学模型，即费奈尔（Claes Fornell，1989）模型。这个模型把顾客满意度的数学运算方法和顾客购买商品或服务的心理感知结合起来，以此模型运用偏微分最小二次方求解得到的指数，就是顾客满意度指数。瑞典最先于 1989 年建立起顾客满意度指数模型，之后，德国、加拿大等 20 多个国家和地区先后建立了全国或地区性的顾客满意度指数模型。美国顾客满意度指数（ACSI）也依据此指数而来，它是根据顾客对在美国本土购买，由美国国内企业提供的产品和服务质量的评价，通过建立模型计算而获得的一个指数，是一个测量顾客满意度的经济指标。

2. 顾客满意度测评指标体系

顾客满意度指数测评指标体系（简称顾客满意度指标）主要包括顾客的期望、感知质量、感知价值、顾客抱怨和顾客忠诚等。不同国家建立的顾客满意度指标有所区别。我国满意度指数（CCSI）指标体系的建立起步较晚，1997 年在中国质量协会、全国用户委员会的推动下，开始着手 CCSI 系统研究，并联合北京大学、中国人民大学、清华大学、中国社会科学院等国内顶级学术机构共同攻关，展开适合中国国情的国家满意度指数模型的设计工作。1999 年 12 月，国务院发布了《关于进一步加强产品质量工作若干问题的规定》，明确提出要研究和探索顾客满意度指数评价方法。

CCSI 是在参照和借鉴美国用户满意度指数方法（ACSI）的基础上，根据中国国情和特点而建立的具有我国特色的质量评测方法。CCSI 以用户作为质量评价主体，用户需求作为质量评价标准，按照消费行为学和营销学的研究结论，通过构建一套由预期质量、感知产品质量、感知服务质量、感知价值、用户满意度、用户抱怨和用户忠诚度 7 个主要指标组成的严格的模型，计算出消费者对产品使用的满意度指数。它的特点是收集用户对其感知到的质量状况和预期的质量水平等相关问题的回答结果，然后代入 CCSI 计量经济模型，计算出一个百分制的分数来显示用户的满意程度。

截至 2004 年，我国国家级的顾客满意度评测仅包括钢铁、煤炭、房产、汽车、IT 等少数几个行业，与国外起步较早的国家相比，无论是深度还是广度都存在明显的差距，尚不足以对国内整体经济起到宏观指导作用和发挥经济增长速度"晴雨表"的预测预报作用。

移动通信、家电等行业的用户满意度指数评测的筹备工作已经展开。近几年来，我国质量界和经济界的工作者已经完成了大量基础工作，覆盖国内主要行业的满意度指数系列测评体系在不远的将来即将建立完成。届时，CCSI 将对护航我国经济的健康有序发展发挥更大作用。

3. 顾客满意度指标权重

确定了测评指标体系后，还需要确定各指标的重要度，以便公正、合理地统计和判定整体和各指标的满意度。

目前，指标赋权方法主要有德尔菲法、等级标度法、直接打分法等。

德尔菲法。德尔菲法（Delphi method），以不记名的方式征询专家对各指标权重问题的看法，在随后进行的意见征询中，将经过整理的上次调查结果反馈给各位专家，让他们重新考虑后再次提出自己的看法，并特别要求那些持极端看法的专家，详细说明自己的理由。经过几次反馈，大多数专家的意见趋向于集中，从而使调查者得到对各指标权重的合理的确定。

它不一定要以唯一的答案作为最后结果，其目的只是尽量使多数专家的意见趋向集中，同时不对回答问题的专家施加任何压力。德尔菲法能够较好地解决权重相对均衡问题，但仍受专家主观因素影响较大。

等级标度法。等级标度法是指对各指标确定不同的重要等级，常用的是五级标度，即很重要、重要、一般重要、不重要、很不重要。再通过问卷调查，统计计算得到各指标的权重。

等级标度法易于理解，但是人们在评价时很难用一个恒定的标准来进行评判。如评判某一指标为"非常重要"，另一指标同样也是"非常重要"，但实际上这两者在评价者的心理上并不一定同等重要。所以使偶然因素大为增加。

直接打分法。直接打分法可以很好地将各指标的重要度进行区分，评定者可以根据指标的重要性从 1 至 10 或者从 1 至 100 来进行打分，避免了等级标度法的问题，而且该方法还具有效率高、成本低的优点，因此在进行顾客满意度测评时采用的即为直接打分法，评分的主体是顾客，这样可以充分反映顾客的意愿，使测评结果更真实地反映顾客实际的满意水平。

直接打分法的评判标准有 1—10 分，1—100 分，1—5 分，1—7 分。

综合计算方法确定了测评指标和权重，综合计算调查数据，即可以得到顾客的整体满意度。目前，顾客满意度综合计算方法主要有模糊综合计算法和多指标加权评判法。从本质上讲，模糊综合计算法也属于多指标加权评判法。

三　顾客满意与竞争优势

顾客作为产生价值和利润的源泉，是企业生存和发展的基础。当今的顾客已不再是产品与服务的被动接受者，他们比以往掌握更多的知识、信息与技能，更热衷于学习与实践，在日趋宽泛的产品选择中享有主动权。因此，谁能够争取顾客、维系顾客，谁就能够获取持久的竞争优势，在激烈的市场竞争中立于不败之地，市场竞争的实质就是对顾客并且是对真正顾客的争夺。随着消费者需求的复杂多变和市场竞争的日趋激烈，顾客满意理念逐渐成为企业能否赢得市场、取得竞争优势的关键[①]。在现时代，基于顾客而产生的更大需求，使得企业需要迅速而有效地提高它们对顾客需求的理解以及满足这些需求的能力。

顾客能够根据自己所掌握的信息判断哪些产品能提供最高

---

① 彭新武：《竞争优势：流变与反思》，《中国人民大学学报》2008 年第 5 期。

价值。在一定的搜寻成本和有限的知识、灵活性和收入等因素的限制下，顾客是价值最大化的追求者，他们形成一种价值期望并根据它行动，他们会根据自己的知识、感觉、经验来判断产品是否符合他们的期望价值，这将影响他们的满意度和再购买的可能性。顾客满意是指顾客通过对一种产品的可感知的效果（或结果）与期望值相比较后，所形成的愉悦或失望的感觉状态。这个定义表明满意水平是可感知效果和期望值之间的差异函数。如果效果低于期望，顾客就会不满意；如果效果和期望相匹配，顾客就会满意；如果效果超过期望，顾客就会高度满意或欣喜。高度满意和愉悦创造了一种对品牌情绪上的共鸣，而不仅仅是一种理性偏好，正是这种共鸣创造了顾客的高度忠诚，从而提升了企业竞争优势①。

在当今动态的环境下，战略上的成功需要从基于静态的实力转变到依赖于对市场的敏感、适应能力和反应速度。企业战略的基本因素就不应是产品和市场，而是业务流程。而在这一流程中，决定一个企业未来的成功标准就是它服务于顾客的能力，实现顾客当前需要和预测顾客长远需求以及扩大这种相互依存关系的能力。优质的服务可以提升顾客满意度，提高顾客的保持率，从而提升了企业的获利能力。营销大师科特勒教授曾经说："除了满足顾客以外，企业还要取悦他们。"今天的公司面临着更加激烈的竞争，如何赢得顾客、战胜竞争者，答案就是在满足顾客需要、使顾客满意方面做好工作。只有以市场和顾客需要为中心的公司才能获得成功，这需要他们向目标顾客提供优质的价值。这些公司需要建设提供顾客服务的队伍，并非仅仅是改进产品。

---

① 王洪远：《提高顾客满意度，赢得竞争优势》（http：//www.emkt.com.cn/article/77/7718.html）。

第二节　网络零售物流服务质量与
竞争优势关系分析框架

近年来，互联网和电子商务的蓬勃发展创造了新的商业行为及经济模式，消费者的消费行为也从传统的实体商店延伸到新形态的网络商店。网络消费的目的是实现交易，要完成交易却必须依靠物流服务来达成，因此物流服务是网络购物中不可或缺的重要环节。通过随机收集淘宝网店的信用反馈信息显示，在导致网络消费不满意的因素中，物流因素占60%以上。其中对物流速度、发错货、发货数量不足的反馈信息最多，而交付货物质量与网店宣传不一致和物流过程中货物丢失引起的消费者不满是最激烈的。可见，物流服务质量已经成为对消费者网络购物满意度的最大影响因素。

一　网络零售物流服务质量影响顾客满意

Ackerman（1996）认为物流服务质量是影响企业与客户关系质量的一个重要原因[1]。Daugherty，Stank 和 Ellinger（1998）、Innis 和 Londe（1994）等证明了物流服务质量的提高将会提高顾客的满意度，进而提高市场份额[2][3]。Mentzer 和 Williams（2001）通过对戴尔和联邦快递等公司的研究发现：物流绩效（Performance）对收入和盈利有明显的影响[4]。国内学者徐翼、

---

[1]　K. B. Aekerman, "Pitfallsin Logisties Partnerships", *International Journal of Physieal Distribution & Logisties Management*, 1996, pp. 35 – 37.

[2]　P. J. Daugherty, T. P. Stank, A. E. Ellinger, "Leveraging Logisties Diseagabilities: The Effect of Logistics Service on Market Share", *Journal of Business Logistics*, Vol. 19, No. 2, 1998.

[3]　D. E. Innis, L. Londe, "Customer Serviee: The Key to Customer Satisfaetion, Customer Loyalty, and Market Share", *Journal of Business Logistics*, No. 1, 1994.

[4]　J. T. Mentzer, L. R. Williams, "The Role of Logisties Leverage in Marketing Strategy", *Journal of Marketing*, Vol. 8, 2001.

苏秦和李钊（2007）的研究结果表明，在 B2B 背景下物流服务质量是客户关系质量的重要前置因素，企业通过提供良好物流服务可以直接显著地改善企业间的关系质量[①]。这里的客户关系质量的一个重要评价因素就是顾客满意度。网络零售下的顾客满意是指顾客对过去进行网络购物的经历做总体评价后形成的满足程度。这是顾客对自己以往网络消费经历的总体满意程度[②]，即顾客的累积性满意程度，并且，顾客的累积性满意比顾客对某单次消费经历的满意程度更能准确地预测顾客的行为意向和实际消费行为，它决定了消费者是否会再次购买该网络商店的商品和服务。

二　物流服务中顾客满意度主要影响因素

国内外学者从以下几方面提出了物流服务中顾客满意度的影响因素。其一，在传统 B2B 环境下，Mentzer，Flint 和 Kent（2001）提出以物流服务发生的时间过程为基础的、客户导向的物流服务质量模型[③]。该模型中，信息质量、人员沟通质量、交付质量（货品精确率、货品完好程度、时间性）和误差处理质量是物流服务质量的主要影响因素，也是影响客户满意的重要因素。其二，张仙锋（2008）通过研究指出消费者对交易平台网站及平台上的信息质量所形成的感知网站质量是研究网络消费满意过程中要首先考虑的重要影响因素[④]。物流信息的描述、物流方式的选择、物流费用的自动结算都是网络消费平台上很

---

① 徐翼等：《B2B 下的客户服务与关系质量实证研究》，《管理科学》2007 年第 20 期。

② E. Garbarino, M. Johnson, "The Different Roles of Satisfaction, Trust, and Commitment in Customer Relationships", *Journal of Marketing*, Vol. 63, No. 4, 1999.

③ J. T. Mentzer, D. J. Flint, J. L. Kent, "Logistics Service Quality as a Segment-Customized Proeess", *Journal of Marketing*, Vol. 65, No. 4, 2001.

④ 张仙锋：《消费者在 C2C 交易中的信任模型与数据检验》，《统计与信息论坛》2008 年第 3 期。

重要的内容，并与网络上的商品信息、结算支付构成完整的网络消费平台。其三，朱俊（2003）指出物流企业形象是影响顾客选择物流服务的重要因素[1]，包括物流企业品牌效应、物流业务的覆盖程度、网点的数量等方面。我国邮政物流的 EMS 已经在网络消费中形成物流服务的知名品牌，在大中城市影响广泛，并将深入服务、影响到中小城市、甚至是广大农村地区。其四，物流费用，即物流的成本价格[2]，是网络零售中的主要成本要素之一，也是影响物流服务顾客满意度的因素。

综合以上分析，网站物流信息感知质量、物流企业形象感知质量、物流费用感知质量、物流沟通感知质量、物流交付感知质量、物流误差处理感知质量构成影响网络消费中的物流服务质量的主要因素。依据 TAM 模型[3]和互联网环境中质量—满意模型[4]，构建网络消费下的物流服务质量与竞争优势分析框架如图 5 - 3 所示。

第三节　模型与假设

一　网站物流信息质量

在网络环境下，网站已成为连接买卖双方的纽带，它相当于卖方的实体店面，传播实力、规模等相关信息；它也承担着卖方销售员的角色，介绍商品性能、销售价格等。消费者除了关注商品的品质外，也同样注重物流质量和支付安全。物流过

---

① 朱骏等：《第三方物流服务的顾客满意度研究》，《物流技术》2003 年第 5 期。

② M. A. McGinnis, "Sefmenting Freight Markets", *Transportation Journal*, Vol. 18, No. 1, 1978.

③ F. F. Reieheld, W. E. Sasser, "Zero Defeetions: Quality Comes to Services", *Harvard Business Review*, Vol. 68, No. 5, 1990.

④ F. D. Davis, R. P. Bagozzi, P. R. Warshaw, "User Acceptance of Computer Technology: A Eomparison of Two Theoretical Models", *Management Science*, Vol. 35, No. 8, 1989.

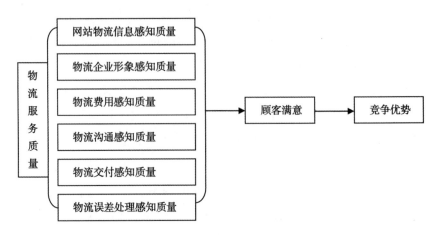

图 5 – 3　电子商务物流服务质量与竞争优势关系框架

程与网络消费过程的融洽程度、物流信息的全面性、物流方式的可选择性、物流过程的常见问题以及注意事项等都是消费者感知网站物流信息质量的影响因素。网站物流信息质量越高，顾客对卖方形成的满意程度也就越强，产生的交易倾向也会越大。物流企业除了要与网络零售企业进行价值链上的物流服务整合，通过网络零售平台提供必要的物流信息之外，在消费者需要更详细和更深层次的物流信息时，还必须通过专门的物流信息平台或企业物流供应链系统来提供相应信息。提供的物流信息越专业化、深层次，消费者对网络消费的满意度将越高。

因此，提出如下假设：

H_{1a}：网络零售平台物流信息感知质量与顾客满意程度正相关，即网络零售平台物流信息质量越高，顾客满意度越高；

H_{1b}：物流企业网络平台信息感知质量与顾客满意程度正相关，即物流企业信息化程度越高，顾客满意度越高。

二　物流企业形象

由于网络上信息传递的及时性和主动性，服务中带给顾客的任何不满都可能通过网络产生较大的信誉度损失，从而影响到企业形象。物流企业品牌效应是物流企业形象的主要内容之一。据此提出如下假设：

H_{1c}：物流企业品牌感知质量与顾客满意程度正相关，即物流企业品牌知名度越高，顾客满意度越高。

物流业务的覆盖程度、网点的数量也是物流企业形象的重要因素。物流业务网点数量与物流订单处理、配送处理速度有关。一般而言，商家会把物流业务委托给附近的物流网点承运：一是可以节省物流交付的时间；二是一旦物流过程中发生差错，便于就近交涉。据此提出如下假设：

H_{1d}：物流业务网点数量感知质量与顾客满意程度正相关，即物流网点数量越多，顾客满意度越高。

三　物流费用

物流费用是网络消费成本中的重要组成部分，在利用网络购物的过程中，由于一次购物的物流成本固定不变，顾客可能会选择一次性购买较多的商品；也有顾客会由于网络零售中免运费而选择网络消费。因此物流费用也是选择网络消费形式并体现为顾客满意度的重要影响因素。据此提出如下假设：

H_{1e}：物流费用感知质量与顾客满意程度正相关。

四　物流信息沟通

网络消费过程中消费者对物流信息的疑问比较多，如确定订单后多长时间可以发货？采用什么样的包装方式？多长时间可以送达顾客？采用什么样的送达方式？等。这些问题中，部分可以通过物流管理系统自动处理，有的需要与顾客进行电子或非电子方式交付。物流信息沟通过程中必须处理好所有的细节问题，顾客满意程度在很大程度上取决于沟通的感觉。

在物流信息沟通的过程中，除了要有相应的服务态度外，相关人员的物流专业知识等物流业务素质也是影响物流服务质量的重要因素。

据此提出如下假设:

H_{1f}: 物流信息沟通感知质量与顾客满意程度正相关;

H_{1g}: 物流人员素质感知质量与顾客满意程度正相关。

五　商品交付过程

物流服务质量引起的顾客满意或不满意的感知在很大程度上取决于商品交付的见面过程。在商品交付过程主要体现为物流服务速度、商品完好程度、商品精确率三方面。

网络消费中消费者对物流过程中发生的商品丢失和发错现象非常气愤。只要发生,不管价值多高、其他服务质量再好,对消费者的顾客满意和忠诚都会带来巨大的影响,并且消费者多会在信息反馈中描述自己感受到的网络消费经历,而使网络零售商和物流服务提供商的企业形象大打折扣。因此,物流交付中的商品准确率与顾客满意程度正相关。

物流交付的商品的完好程度也是顾客感受网络消费服务质量,尤其是物流服务质量的重要方面。这要求物流企业接收网络零售商的物流交付时一定要代表消费者把好商品质量关,并严格按照物流规范进行包装,在物流过程中要按照商品的搬运要求轻拿轻放,完整、完好地交付给顾客。因此,交付商品的完好程度也是影响顾客感受物流服务质量的重要因素,并与顾客满意程度正相关。

物流的速度就是物流企业的生命,网络消费下要求网络零售商通过网络信息技术集成物流服务信息,并做到快速反应。而物流过程中为降低运输成本又要把很多的小包裹集成在一起采用干线物流低成本、大批量运输到各地,然后分拣,再小批量配送到客户手中。这中间的任何一个环节出现问题都可能影响顾客在期望的时间里收到相应的货物,将直接或间接带来对物流服务质量的满意程度下降。因此物流服务的速度感知质量与顾客满意度正相关。

据此提出如下假设：

H_{1h}：物流服务速度感知质量与顾客满意程度正相关；

H_{1i}：商品完好程度感知质量与顾客满意程度正相关；

H_{1j}：商品精确率感知质量与顾客满意程度正相关。

六　误差处理

网络消费对物流服务的要求比传统商务要高，而非面对面交易方式带来误差又是不可避免的，因此网络消费下更要注重物流误差处理。主要包括商品差错带来的退货物流、重新发货物流等误差处理；物流及时性不够带来的物流补救误差处理；包装破损等带来物流辅助方面的误差处理。这些细节方面正是物流服务质量的重要组成部分。据此提出如下假设：

H_{1k}：物流误差处理感知质量与顾客满意程度正相关。

七　顾客满意与竞争优势

顾客满意研究的最终目的是要提高网络零售商竞争能力，获得利润。顾客满意水平将会影响其消费后的态度和行为意向，包括顾客的重购意向、口碑效应和重购频次。以重购意向为例，一方面对某次失败的消费经历，顾客总是试图记住它并在重复消费时尽力避开它；另一方面，愉悦的购物经历可能会激发或促使顾客将同一零售商作为购物地点的首选，从而产生重购意向，对这一零售商产生信任和依赖，同时，满意的顾客也倾向于同他人分享自己满意的消费经历并推荐他们去做同样的尝试。忠诚的顾客不但通过自身的重复消费增加企业的营业额，同时还会推荐他人进行消费，降低企业吸引新顾客的成本，削弱竞争对手对顾客的吸引力。因此对顾客满意和顾客忠诚，可做如下假设：

H_{2a}：顾客满意对竞争优势存在正向影响。

第四节　数据检验

一　数据收集

由于网络消费的竞争优势来源于以前消费者采用网络方式消费带来的顾客满意，而顾客满意的来源不只是物流服务，还有网上商品信息和商品本身的质量、支付方式方便性、网络消费的安全性等因素。因此，为了研究物流服务对顾客满意的作用，在本文研究的试验设计中，通过正式调查之前的预调查来排除未接受过网络消费物流服务的调查对象。问卷包括顾客基本信息和核心问题两个部分，核心问题共24个。通过网络调查方式回收正式调查问卷350份，其中有效问卷289份，有效率为82.6%。在有效样本中被调查者平均年龄26岁，平均网络购物次数4次，单次消费金额多数都在300元以下，50元以上。

二　可靠性检验

本章采用Cronbach一致性系数（Cronbach系数）考察该量表的可靠性效度。一般而言，在经济学领域，信度值0.60及以上就是可接受的，如果信度过低，低于0.60，应重新修订研究工具或重新编制问卷。经过SPSS 12.0运算求出问卷各因素的可靠性系数，表明问卷具有较好的内部一致性信度（见表5－1）。

表5－1　　　　　　　　　　问卷变量的可靠性系数表

因素	量表	Cronbach系数	因素	量表	Cronbach系数
网站物流信息感知质量	2	0.8031	感知物流人员沟通质量	5	0.8213
物流企业形象感知质量	4	0.7254	感知物流交付感知质量	4	0.9677
物流费用感知质量	2	0.9135	感知误差处理感知质量	3	0.8934
顾客忠诚	4	0.7883			

三　模型拟合与检验

本章采用结构方程模型，在假设检验过程中采用 Amos 4.1 工具。检验结果显示拟合度较好。χ^2 为 2283.36，自由度为 852，χ^2 与自由度的比例为 2.68，小于 3；RMSEA 为 0.073，小于 0.08；而 GFI、AGFI、NFI、CFI、IFI 都大于 0.9（见表 5 - 2）。

表 5 - 2　　　　　　　　　　模型的拟合指标表

	χ^2	d. t.	χ^2/d. t.	RMSEA	GFI	AGFI	NFI	CFI	IFI
指标值	2283.36	852	2.68	0.073	0.931	0.902	0.914	0.951	0.961
接受限度			<3	<0.08	>0.9	>0.9	>0.9	>0.9	>0.9

各假设的检验（$t = 1.5$）结果（见图 5 - 4），消费者除了对物流网点数量感知质量不显著外，其余 11 个假设都是显著的。网点数量感知质量不显著主要是因为在网络零售市场中对物流业务受托单位的选择一般都在买卖双方熟悉，并且物理位置接近的物流企业中进行，至于该物流企业在全国范围内的网点数量和分布不是一般消费者所能深刻感知的。

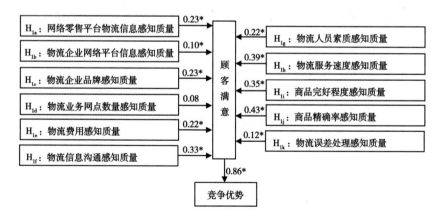

图 5 - 4　网络消费下物流服务质量与竞争优势关系模型

在表现显著的因素中，商品精确率、商品完好程度、物流服务速度感知质量对顾客满意度的影响系数均达到 0.35 以上，由这三个指标组成的物流交付感知质量对顾客满意度的影响系数为 0.40，成为物流服务质量的决定因素；物流信息沟通感知质量和物流人员素质感知质量具有比较大的影响作用，系数分别为 0.33 和 0.22；物流费用、网络零售平台物流信息感知质量、物流企业品牌感知质量与顾客满意度正相关作用显著，系数分别为 0.22、0.23 和 0.23；物流企业网络平台信息质量对顾客满意度正相关作用显著，但影响较弱，其系数只有 0.10，这可能与现在的网络消费下顾客对物流服务的意见对象更多地直接指向网络销售商有关；物流误差处理感知质量与顾客满意度正相关作用显著，说明误差处理的重要性，但其系数为 0.12，说明消费者还不愿意在网络购物中出现物流误差时单纯当作物流失误来进行解决，很多消费者把这种情况的发生归结为网络销售的欺骗。

消费者物流服务的顾客满意对由重购意向、口碑效应、重购频次等构成的竞争优势存在正相关影响，影响系数为 0.86。该影响系数比研究过程中预期的要高，其部分原因是，在调查中通过预调查过滤掉了没有购物经历或没有使用网络消费下的物流服务业务的样本，而这些样本中很多消费者可能存在对网络购物的平台、商品质量、价格、信息介绍、支付等服务内容更多的不满，从而淡化了这些因素的影响。

第五节　本章小结

网络消费下企业竞争优势的影响因素很多，但本章通过对完整的网络消费过程中物流服务质量带来的竞争优势分析，表明物流服务质量带来的竞争优势对网络零售企业的影响比预想的要高。而影响竞争优势的物流服务质量的因素中物流交付质量、物流沟通质量、物流人员素质、物流信息和品牌效应是最重要的。

第一，物流服务质量带来的顾客满意是企业竞争优势的最重要影响因素。在目前的网络消费条件下，商品本身的质量可以通过交易过程中的沟通、图片展示、视频等来使消费者得到比较充分的了解和认可；另外，通过十多年的网络消费发展，网络购物风险防范知识已经在网络消费中广泛普及并逐渐影响网络消费者的选购行为，这也在一定程度上降低了网络消费中选购商品带来的风险程度；资金安全可以通过货到付款、第三方支付保障等支付安全措施来降低损失；而只有物流过程是买卖双方都无法掌控的而又必须借助的环节，这个阶段体现出来的服务质量将直接决定顾客网络购物的意向和频次。因此，消费者最担心的网络消费服务质量就是物流服务质量，由其产生的顾客满意将直接反映出顾客对该网络商店或该商品上的竞争优势的认可程度。物流服务作为网络消费的关键环节，由于网络销售企业自身物流体系的不完备、第三方物流的不发达以及网络销售企业与第三方物流之间协作程度的欠缺而成为网络消费中的问题多发环节。物流服务质量的顾客满意将直接影响顾客对该网络商店或相关商品的竞争优势的认可。

第二，物流交付质量是物流服务质量的根本。网络消费下物流的根本任务是安全、准确地把货物从卖方送达买方，因此物流交付时的商品正确、完好是最基本的，在这方面发生差错对顾客的满意度将带来严重打击。另外，运输和交付速度是物流服务的生命，由于交付速度带来的顾客不满意也将严重影响快节奏下的消费行为选择。所以网络消费下的物流服务质量提高必须在这个方面引起足够的重视。

第三，交流沟通质量以及交流沟通过程中物流业务人员素质也是物流服务质量的重要内容。很多时候顾客不满意的原因并不是因为商品、商品价格的问题，而是来源于反馈不及时或服务人员的一句不礼貌的语言。因此在网络消费过程中，必须要对消费者交流沟通过程予以足够的重视，并要以专业的人员、专业的态度对消费者的疑问进行耐心的解答。

第四，物流费用直接关系到消费者网络消费的成本，因此提供物流服务的费用一定要具有竞争力。虽然物流服务费用的固定成本基本差不多，但物流费用可以在网络消费下与商品价格进行捆绑而提高物流费用方面的顾客满意度。如当当网、卓越网就经常利用免运费这一网络促销手段来争取顾客。

第五，网上物流信息质量和物流企业品牌形象也是物流服务质量的重要内容。物流企业在网络消费过程中处于附属位置，但其服务对网络消费过程又无可替代，并对消费者满意度带来较大的影响。要提高网络销售商和消费者对物流的认识、认可程度，有必要在网络消费中物流环节多介绍物流服务内容以及企业，并应通过链接的方式为顾客提供尽可能多的物流信息和尽可能深的物流服务信息。物流企业品牌形象也是物流服务质量的一个重要指标，很多消费者和网络零售商协商选择物流企业时会通过以前的物流服务效果和网上传递的物流企业服务效果来参照进行。通过加强网上网下的企业宣传、提高物流服务质量可以增强物流企业品牌形象，但通过网络传递一个物流误差信息，如物流过程发生商品丢失等，将对顾客满意度带来严重打击，也将对物流企业形象形成重创。

所以，不管是网络销售商还是物流服务提供商都必须充分重视网络消费过程中的物流服务。首先要通过网络方式提供尽可能全面的物流信息，其次要尽量通过信息技术公开物流服务过程，培训物流员工的专业知识和良好的服务意识，提高物流沟通质量和物流交付质量。而这将直接或间接影响消费者的网络重购意向、重购频次等。

第六章 电子商务物流服务顾客满意度评价模型与方法

物流服务质量的评价主要是顾客满意度，本章和第七章对电子商务物流服务顾客满意度进行分析；本章主要研究电子商务物流服务顾客满意度评价方法，第七章以淘宝网为例评价电子商务中的物流服务顾客满意度。

第一节 物流服务中顾客满意理论模型

由于顾客满意研究探索的是顾客的心理特征和心理活动过程，以发现其中的科学规律，即这一心理过程中的因果关系，因此，顾客满意模型是一种因果关系模型（Causal Model），它是对形成顾客满意评价过程中的各因素以及它们之间的因果关系进行抽象模拟的结果。在众多的顾客满意模型中，期望模型表现了一种最基本的顾客满意形成过程，通过在期望模型中引入新的变量，如绩效、公平等，又发展出一系列其他的重要模型。

一 期望模型

期望模型是期望—不一致模型（Expectation-Disconfirmation）的简称，其理论依据来自 20 世纪 70 年代的社会心理学和组织行为学。1972 年 Olshavsky 和 Miller 发表的《顾客期望、产品绩效与感知产品质量》一文和 1973 年 Anderson 发表的《顾客不满意：期望与感知质量不一致的效应》一文，都探查了期望—不一致理论的基本框架，这两项研究与稍前 Cardozo 的实验研究一起，构成了这一模型的基础。

期望模型认为，满意是通过一个二阶段的过程实现的。在购买前，顾客会对产品的绩效，即产品将会提供的各种利益和效用，形成"期望"；顾客进行了购买以后，则会将消费产品所获得的真实绩效水平与购买前的期望进行比较，由此形成二者之间的差距或称为"不一致"，这是第一阶段。在第二阶段，顾客由"不一致"的不同情况做出不同的"满意"反应：当实际绩效与期望相同即"不一致"为零时，顾客产生"适度的满意"（Moderate Satisfaction）；当实际绩效超过期望即"不一致"为正时，导致"满意"；而当实际绩效达不到期望即"不一致"为负时，导致"不满意"。因此，期望模型中包括期望、不一致和满意三个基本的变量，期望是顾客对产品绩效的预期，不一致是绩效与期望之差，其中绩效是顾客所获得的利益，满意则是顾客的最终态度和评价。期望模型是顾客满意理论的基础。

1982 年，Churchill 等人研究发现，不同类别的产品对期望模型有不同的符合程度，例如，非耐用品较符合期望模型，而对耐用品来说，则存在两个显著的特点：期望的影响变小；绩效的影响显著增大，因此，人们开始在期望模型的基础上探索其他类型的模型。

二　绩效模型

绩效通常指顾客所获得的产品效用的总和。在期望模型中，期望是满意形成的基本前因，绩效则是与期望进行比较的一项标准，它不是一个独立的变量，而在绩效模型中，绩效则是满意的主要前因，此时的期望对满意仍有影响，但这种影响相对要小得多；绩效模型认为，产品的属性为顾客带来的利益，即满足顾客需要的程度，直接决定了顾客的满意水平。因此，产品绩效越高，顾客就越满意，反之顾客则越不满意。1988 年 Tse 等人发表的《顾客满意模型：拓展》一文，为这一模型提供了实证支持。关于期望模型和绩效模型在不同行业和产品中的不同适用情况，有学者研究发现，绩效的信息相对于期望越强越清晰，则感知绩效对满意的正面影响就越大；相反，绩效的信息越弱越含糊，则期望对满意的作用就会增大，例如，耐用品绩效的信息比其他产品更为强烈，因此绩效的作用也更强。此外，绩效模型经常被用于整体满意水平测量体系的研究，因此是各行业满意度指标体系建立的理论基础。

三　公平模型

在社会学、心理学和组织行为学中，公平（Equity）是一个受到了相当关注的概念。随着满意研究的发展，部分学者开始将公平作为一个起因变量纳入顾客满意的形成过程之中。1978 年，Huppertz 等发表的《在市场中衡量公平的构成因素：满意和不满意顾客对投入和产出的感知》一文，属于相关文献中较早的一篇。此后，Fisk（1985），Oliver（1988）等人又做了一系列的研究，结果表明，顾客对产品是否满意，不仅取决于期望与绩效之间的比较，还取决于顾客是否认为交易公平合理。当顾客感到自己获得的效用与投入之比，与产品提供商的这一比例相同时，就会感到公平和满意。公平程度越高，顾客就越满意，反之，公平程度越低，顾客就越不满意。尽管在理论上，公平的重要性已得到认可，但将这样一个高度抽象的概念量化却存在困难（Harris，1983），因此在实际应用中，也很难推广。有些学者则对某一方面的公平进行了研究，如 Ruth（1999）等人引入"支付公平"来研究价格公平部分对满意的影响。与期望模型和绩效模型相比，公平模型更加关注顾客的投入部分，从而使顾客满意的概念与"价值"有了密切的关系。

以上是顾客满意模型研究中较有代表性的三类模型，除此以外，还存在其他很多模型，这些模型有的引入新的变量，如标准、使用量等，并研究其对满意的影响，如 Richard 等人（1996）将欲望作为满意的前因变量，有的则对传统模型进行了修正和发展，如 Amy 等人（1999）提出的涉及服务失败及恢复的满意模型。还有的学者对满意本身的内容和性质进行深入的研究，如 Oliver（1989）将满意划分为满足、愉快、新奇、解脱和惊喜五个层次。这说明，随着满意研究的不断深入，满意模型在认知学的基础上，开始加入了更多难以把握的情感内容，从而在理性模型中加入了感性成分，这无疑会使满意模型更加完善，也更加接近人的本性。

第二节　电子商务物流服务顾客满意评价方法

一　层次分析法

（一）层次分析法定义

1973 年美国运筹学家、匹兹堡大学教授 T. L. Saaty 针对现代管理中存在的许多复杂、模糊不清的相关关系如何转化为定量分析的问题，提出了一种层次权值决策分析法（Analytic Hierarchy Process，AHP）。是将与决策总是有关的元素分解成目标、准则、方案等层次，在此基础之上进行定性和定量分析的决策方法。这种方法是针对系统的特征，应用网络系统理论和多目标综合评价方法而发展起来的。

在进行社会的、经济的以及科学管理领域问题的物流系统分析中，我们面临的经常是一个相互关联、相互制约的众多因素构成的复杂物流系统。层次分析法为分析这类复杂问题提供了一种新的、简洁实用的决策方法。用层次分析法做物流系统分析，首先要把问题层次化；根据问题的性质和要达到的总目标，将问题分解为不同的组成要素，并按照因素间相互关联影响以及隶属关系将因素按不同层次聚集组合，形成一个多层次的分析结构模型，相对于最高层（总目标）的相对重要性及权重的确定或相对优劣次序的排序问题。

（二）层次分析法的基本原理和思路

层次分析法提出递阶层次结构原理来面对和解析复杂系统，在递阶层次结构原理中，对层次结构给予定量化描述，考虑系统的结构和功能，并通过排序理论得出满足系统总目标要求的各个方案的优先序。因此，可以将层次分析法的基本原理归纳为：递阶层次结构原理、两两比较标度判断原理和层次排序原理。

层次分析法解决问题的基本思路，是将决策问题按总目标、各层子目标、评价准则直至具体的备投方案的顺序分解为不同的层次结构，然后再用求解判断矩阵特征向量的办法，求得每一层次的各元素对上一层次某元素的优先权重，最后再用加权和的方法递阶归并各备择方案对总目标的最终权重，此最终权重最大者即为最优方案。这里所谓"优先权重"是一种相对的量度，它表明各备择方案在某一特点的评价准则或子目标，标下优越程度的相对量度，以及各子目标对上一层目标而言重要程度的相对量度。层次分析法比较适合于具有分层交错评价指标的目标系统，而且目标值又难于定量描述的决策问题。其用法是构造判断矩阵，求出其最大特征值。及其所对应的特征向量 W，归一化后，即为某一层次指标对于上一层次某相关指标的相对重要性权值。

（三）层次分析法的应用领域

系统存在的普遍性决定了层次分析法应用的广泛性，具体来说可以概括为以下几个方面：

第一，经济管理与规划；

第二，城市与产业规划；

第三，交通运输、水利资源的利用；

第四，企业经营管理与公司开发；

第五，物流系统的评价与决策；

第六，科研课题的选择、管理和评选；

第七，能源开发利用与资源政策分析；

第八，人才预测、规划与评选；

第九，其他方面，如买房子、汽车、选择职业、子女入学等。

可见，社会经济的许多问题，如经济计划、资源分配、方案评选、冲突分析、环境保护等，在某种意义上都可以归结为层次决策问题，作为系统工程的一个重要分支，AHP 层次分析法有强大生命力。

（四）层次分析法的优缺点

1. 优点

系统性的分析方法：层次分析法把研究对象作为一个系统，按照分解、比较判断、综合的思维方式进行决策，成为继机制分析、统计分析之后发展起来的系统分析的重要工具。系统的思想在于不割断各个因素对结果的影响，而层次分析法中每一层的权重设置最后都会直接或间接影响到结果，而且在每个层次中的每个因素对结果的影响程度都是量化的，非常清晰、明确。这种方法尤其可用于对无结构特性的系统评价以及多目标、多准则、多时期等的系统评价。

简洁实用的决策方法：这种方法既不单纯追求高深数学，又不片面地注重行为、逻辑、推理，而是把定性方法与定量方法有机地结合起来，使复杂的系统分解，能将人们的思维过程数学化、系统化，便于人们接受，且能把多目标、多准则又难以全部量化处理的决策问题化为多层次单目标问题，通过两两比较确定同一层次元素相对上一层次元素的数量关系，最后进行简单的数学运算。即使是具有中等文化程度的人也可了解层次分析的基本原理和掌握它的基本步骤，计算也经常简便，并且所得结果简单明确，容易为决策者了解和掌握。

所需定量数据信息较少：层次分析法主要是从评价者对评价问题的本质、要素的理解出发，比一般的定量方法更讲求定性的分析和判断。由于层次分析法是一种模拟人们决策过程的思维方式的方法，层次分析法把判断各要素的相对重要性的步骤留给了大脑，只保留大脑对要素的印象，化为简单的权重进行计算。这种思想能处理许多用传统的最优化技术无法着手的实际问题。

2. 缺点

不能为决策提供新方案：层次分析法的作用是从备选方案中选择较优者。这个作用正好说明了层次分析法只能从原有方案中进行选取，而不能为决策者提供解决问题的新方案。因此，在应用层次分析法的时候，可能就会有这样一个情况，就是自身的创造能力不够，造成了尽管在想出来的众多方案里选了一个最好的出来，但其效果仍然不如企业所做出来的效果好。而对于大部分决策者来说，如果一种分析工具能替自己分析出在已知的方案里的最优者，然后指出已知方案的不足，甚至再提出改进方案的话，这种分析工具才是比较完美的。但显然，层次分析法还没能做到这点。

定量数据较少，定性成分多，不易令人信服：在如今对科学的方法的评价中，一般都认为一门科学需要比较严格的数学论证和完善的定量方法。但现实世界的问题和人脑考虑问题的过程，很多时候并不能简单地用数字来说明一切。层次分析法是一种带有模拟人脑的决策方式的方法，因此必然带有较多的定性色彩。这样，当一个人应用层次分析法来做决策时，其他人就会说：为什么会是这样？能不能用数学方法来解释？如果不可以的话，你凭什么认为你的这个结果是对的？你说你在这个问题上认识比较深，但我也认为我的认识也比较深，可我和你的意见是不一致的，以我的观点做出来的结果也和你的不一致，这时该如何解决？对于这种问题，需要增加评价指标。但是，大家都知道，对于一个问题，指标太多了，反而会更难确定方案。这就引出了层次分析法的指标过多，权重难以确定的不足。

指标过多时数据统计量大，且权重难以确定：当我们希望能解决较普遍的问题时，指标的选取数量很可能也就随之增加。这就像系统结构理论里，我们要分析一般系统的结构，要搞清楚关系环，就要分析到基层次，而要分析到基层次上的相互关系时，我们要确定的关系就非常多了。指标的增加就意味着我们要构造层次更深、数量更多、规模更庞大的判断矩阵。那么我们就需要对更多的指标进行两两比较。由于一般情况下，我们对层次分析法的两两比较是用1至9来说明其相对重要性的，如果有越来越多的指标，我们对每两个指标之间的重要程度的判断可能就出现困难了，甚至会对层次单排序和总排序的一致性产生影响，使一致性检验不能通过，也就是说，由于客观事物的复杂性或对事物认识的片面性，通过所构造的判断矩阵求出的特征向量（权值）不一定是合理的。不能通过，就需要调整，在指标数量多的时候这是个很痛苦的过程，因为根据人的思维定式，你觉得这个指标应该比那个重要，那么就比较难调整过来，同时，也不容易发现指标的相对重要性的取值里到底是哪个有问题，哪个没问题。这就可能花了很多时间，仍然不能通过一致性检验，而更糟糕的是根本不知道哪里出现了问题。也就是说，层次分析法没有办法指出我们的判断矩阵里哪个元素出了问题。

特征值和特征向量的精确求法比较复杂：在求判断矩阵的特征值和特征向量时，所用的方法和我们多元统计所用的方法是一样的。在二阶、三阶的时候，我们还比较容易处理，但随着指标的增加，阶数也随之增加，在计算上也变得越来越困难。

不过幸运的是这个缺点比较好解决，我们有三种比较常用的近似计算方法。第一种是和法，第二种是幂法，还有一种常用方法是根法。

（五）基本步骤

1. 建立层次结构模型

在深入分析实际问题的基础上，将有关的各个因素按照不同属性自上而下地分解成若干层次，同一层的诸因素从属于上一层的因素或对上层因素有影响，同时又支配下一层的因素或受到下层因素的作用。最上层为目标层，通常只有 1 个因素，最下层通常为方案或对象层，中间可以有一个或几个层次，通常为准则或指标层。当准则过多时（譬如多于 9 个）应进一步分解出子准则层。

2. 构造成对比较阵

从层次结构模型的第 2 层开始，对于从属于（或影响）上一层每个因素的同一层诸因素，用成对比较法和 1—9 比较尺度构造成对比较阵，直到最下层。

3. 计算权向量并做一致性检验

对于每一个成对比较阵计算最大特征根及对应特征向量，利用一致性指标、随机一致性指标和一致性比率做一致性检验。若检验通过，特征向量（归一化后）即为权向量；若不通过，需重新构造成对比较阵。

4. 计算组合权向量并做组合一致性检验

计算最下层对目标的组合权向量，并根据公式做组合一致性检验，若检验通过，则可按照组合权向量表示的结果进行决策，否则需要重新考虑模型或重新构造那些一致性比率较大的成对比较阵。

5. 构造判断矩阵

层次分析法的一个重要特点就是用两两重要性程度之比的形式表示出两个方案的相应重要性程度等级。如对某一准则，对其下的各方案进行两两对比，并按其重要性程度评定等级。记为 X 和 Y 因素的重要性之比。按两两比较结果构成的矩阵称作判断矩阵。

6. 计算权重向量

为了从判断矩阵中提炼出有用信息，达到对事物的规律性的认识，为决策提供出科学依据，就需要计算判断矩阵的权重向量。

二　模糊综合评价方法

（一）模糊综合评价方法定义

模糊综合评价法是一种基于模糊数学的综合评标方法。该综合评价法根据模糊数学的隶属度理论把定性评价转化为定量评价，即用模糊数学对受到多种因素制约的事物或对象做出一个总体的评价。它具有结果清晰、系统性强的特点，能较好地解决模糊的、难以量化的问题，适合各种非确定性问题的解决。

由于评价因素的复杂性、评价对象的层次性、评价标准中存在的模糊性以及评价影响因素的模糊性或不确定性、定性指标难以定量化等一系列问题，使得人们难以用绝对的"非此即彼"来准确地描述客观现实，经常存在着"亦此亦彼"的模糊现象，其描述也多用自然语言来表达，而自然语言最大的特点是它的模糊性，而这种模糊性很难用经典数学模型加以统一量度。因此，建立在模糊集合基础上的模糊综合评判方法，从多个指标对被评价事物隶属等级状况进行综合性评判，它把被评判事物的变化区间做出划分，一方面可以顾及对象的层次性，使得评价标准、影响因素的模糊性得以体现；另一方面在评价中又可以充分发挥人的经验，使评价结果更客观，符合实际情况。模糊综合评判可以做到定性和定量因素相结合，扩大信息量，使评价数度得以提高，评价结论可信。

1. 模糊综合评价方法中的相关术语定义

模糊集合理论（Fuzzy Sets）的概念于 1965 年由美国自动控制专家查德（L. A. Zadeh）教授提出，用以表达事物的不确定性。

评价因素（F）：系指对招标项目评议的具体内容（如价格、各种指标、参数、规范、性能、状况等）。为便于权重分配和评议，可以按评价因素的属性将评价因素分成若干类（如商务、技术、价格、伴随服务等），把每一类都视为单一评价因素，并称为第一级评价因素（F_1）。第一级评价因素可以设置下属的第二级评价因素（如第一级评价因素"商务"可以有下属的第二级评价因素（F_2）：交货期、付款条件和付款方式等）。第二级评价因素可以设置下属的第三级评价因素（F_3）。依此类推。

评价因素值（Fv）：系指评价因素的具体值。例如，某投标人的某技术参数为 120，那么，该投标人的评价因素值为 120。

评价值（E）：系指评价因素的优劣程度。评价因素最优的评价值为 1（采用百分制时为 100 分）；欠优的评价因素，依据欠优的程度，其评价值大于或等于零、小于或等于 1（采用百分制时为 100 分），即 $0 \leqslant E \leqslant 1$（采用百分制时 $0 \leqslant E \leqslant 100$）。

平均评价值（Ep）：系指评标委员会成员对某评价因素评价的平均值。

平均评价值（Ep）＝全体评标委员会成员的评价值之和÷评委数

权重（W）：系指评价因素的地位和重要程度。

第一级评价因素的权重之和为 1；每一个评价因素的下一级评价因素的权重之和为 1 。

加权平均评价值（Epw）：系指加权后的平均评价值。

加权平均评价值（Epw）＝平均评价值（Ep）×权重（W）。

综合评价值（Ez）：系指同一级评价因素的加权平均评价值（Epw）之和。综合评价值也是对应的上一级评价。

2. 模糊综合评价方法的特点

相互比较：以最优的评价因素值为基准，其评价值为1；其余欠优的评价因素依据欠优的程度得到相应的评价值。

函数关系：可以依据各类评价因素的特征，确定评价值与评价因素值之间的函数关系（即隶属度函数）。确定这种函数关系（隶属度函数）有很多种方法，例如，F统计方法，各种类型的F分布等。当然，也可以请有经验的评标专家进行评价，直接给出评价值。

（二）模糊综合评价模型

1. 单层次模糊综合评价模型

给定两个有限域：

$$U = \{u_1, \quad u_2, \quad \cdots, \quad u_m\} \tag{6.1}$$

$$V = \{v_1, \quad v_2, \quad \cdots, \quad v_n\} \tag{6.2}$$

式（6.1）中，U代表所有的评判因素所组成的集合，式（6.2）中V代表所有的评语等级所组成的集合。

如果对于第i（$i = 1,2,\cdots,m$）个评判因素u_i，其单因素评判结果为$R_i = [r_{i1}, r_{i2}, \cdots, r_{im}]$，则$m$个评判因素的评判决策矩阵为：

$$R = \begin{bmatrix} R_1 \\ R_2 \\ \vdots \\ R_m \end{bmatrix} = \begin{bmatrix} r_{11} & r_{12} & \cdots & r_{1n} \\ r_{21} & r_{22} & \cdots & r_{2n} \\ \vdots & \vdots & \vdots & \vdots \\ r_{m1} & r_{m2} & \cdots & r_{mn} \end{bmatrix} \tag{6.3}$$

式（6.3）就是U到V上的一个模糊关系。如果对各评判因素的权数分配为：$A = [a_1, \quad a_2, \quad \cdots, \quad a_m]$，$A$是域$U$上的一个模式子集，且（$0 \leq a_i \leq 1$，$\sum_{i=1}^{m} a_i = 1$），则应用模糊变换的合成运算，可以得到域$V$上的一个模糊子集，即综合评判结果：

$$B = A \cdot R = [\,b_1, \quad b_2, \quad \cdots, \quad b_n\,] \tag{6.4}$$

2. 多层次模糊综合评价模型

在复杂大系统中，需要考虑的因素往往是很多的，而且因素之间还存在不同的层次。这时，应用单层次模糊综合评判模型就很难得出正确的评判结果。所以，在这种情况下，就需要将评判因素集合按照某种属性分成几类，先对每一类进行综合评判，然后再对各类评判结果进行类之间的高层次综合评判，这样就产生了多层次模糊综合评判问题。

第三节　本章小结

通过文献分析，电子商务物流服务中的顾客满意模型主要有期望模型、绩效模型和公平模型，由于数据可得性限制，多用期望模型对其进行评价。

在期望模型中，主要的评价方法有层次分析法和模糊综合评价方法，由于模糊综合评价采用模糊数学可以将定性问题定量化，能较好地解决模糊的、难以量化的问题，同时，在确定量化指标权重问题时可以采用层次分析方法进行确定。因此，在第七章中对电子商务下物流服务质量的评价主要基于期望模型理论采用模糊综合评价方法，在确定指标权重的过程中采用层次分析方法。

第七章　电子商务下物流服务
顾客满意度评价

　　随着经济的发展和网络的普及，电子商务在商品流通领域的地位变得越来越重要。由于电子商务中 B2B 模式中的各项数据不易收集，这里以网络零售为研究对象，据中国国家统计局数据显示，我国 2007 年网络零售（B2C + C2C）交易额超过人民币 500 亿元，接近我国社会消费品零售总额的 7‰，网络零售已经成为我国社会消费品分配的重要渠道之一。但是，网络零售方便、快捷和低成本的核心竞争力必须以可靠、高效的物流服务为保证。网络零售这一电子商务模式的增长速度由几年前的 70% 降低到不足 50%，物流服务作为其瓶颈之一带给顾客的满意度依然较低。依据我国最大的网络零售平台淘宝网的信用评价资料初步统计，每 100 条针对影响交易效率的要素进行的有效评价中涉及物流配送服务的占 60 条左右。通过统计、衡量得出的顾客满意度既是消费者网络购物决策的基础，又是评价物流企业现有策略的客观尺度。

　　在网络零售环境下，物流服务体现出以信息化为主线，企业物流需求与个人物流需求相结合，并且其界限越来越模糊。支撑网络零售的物流服务顾客满意度评价指标的建立，既要考虑到网络零售企业对物流服务的满意度，也要考虑到个人消费者对物流服务的满意度。本文结合网络零售这一电子商务模式对物流服务的要求，通过建立支撑网络零售的物流服务顾客满意度评价指标，利用层次分析法（AHP）和模糊数学方法相结合的手段来测度支撑网络零售的物流服务的顾客满意度。

第一节　物流服务顾客满意度评价综述

ISO 9000：2000《质量管理体系基础和术语》对顾客满意的定义指出：顾客满意是人的一种感觉状况水平，是顾客对其要求已被满足程度的感受。并且这种感觉决定他们是否继续购买供应方的产品或服务，是供应方保持顾客的关键。

对于物流服务顾客满意度的评价，国内外学者从各个角度进行了较系统的研究，而这些研究对于建立支撑网络零售这一电子商务模式所需的物流服务的顾客满意度指标并对其评价具有重要参考价值。

McGinnis（1978）认为现代物流在服务于全球经济和信息经济的过程中，速度和可靠性是最重要的服务要素，同时也是顾客满意度的决定要素[1]。王玲、周京华（2005）对速度指标做了进一步细化，认为物流速度体现在对订货、查询、故障处理、各种需要通知顾客的快速响应；他们对可靠性指标也进行了细分，如准确通知、货损货差率、准时到达、记录单据的准确与完善、服务的稳定性与一致性等[2]。

另外，影响物流服务顾客满意度的因素是物流费用，也就是物流的成本价格[3]。物流费用是网络零售中的主要成本要素之一，由于网络的虚拟性，电子商务交易的实施主要由物流来承

---

① M. A. McGinnis, "Sefmenting Freight Markets", *Transportation Journal*, Vol. 18, No. 1, 1978.

② 王玲等：《中国第三方物流企业顾客满意度测评指标体系实证研究》，《经济管理·新管理》2005 年第 16 期。

③ M. A. McGinnis, "Sefmenting Freight Markets", *Transportation Journal*, Vol. 18, No. 1, 1978.

担，而这种虚拟下的物流带给顾客的顾虑是无可避免的，担保作为风险分担的主要方式将起着重要的作用，因此保价率和赔偿倍数也将是物流费用因素的重要考虑对象。

承运人的形象和专业知识也是要考虑的重要因素①。朱俊（2003）指出物流企业形象也是影响顾客选择物流服务的重要因素②，物流企业品牌效应是其中的主要内容，我国邮政物流的 EMS 这一知名品牌物流服务已经参与到电子商务中来，相信在相当的领域内将为网络零售带来影响，尤其是服务中小城市、甚至是农村的广大地区；由于网络上信息传递的及时性和主动性，服务中带给顾客的任何不满都可能通过网络产生较大的信誉损失，从而影响到企业形象；物流业务的覆盖程度、网点的数量、运输设备的先进性也是影响物流企业形象的重要因素。

息志芳、刘建光（2006）认为企业员工素质是物流服务顾客满意度的重要影响因素③，直接和顾客打交道的业务人员的礼貌性、态度、专业知识水平、主动服务的意愿等都给顾客满意度带来直接的影响。

Whyte（1983）认为主动满足服务的愿望和满足需求的灵活性能力是要考虑的最关键要素④，而这和物流服务的完整性相关。在物流服务过程中，需要不断满足顾客的递延需求、个性

---

① R. E. Jerman, R. D. Anderson, and J. A. Constantin, "Shipper Versus Carrier Perceptions of Carrier Selection Variables", *International Journal of Physical Distribution and Materials Management*, Vol. 9, No. 1, 1979.

② 朱骏等：《第三方物流服务的顾客满意度研究》，《物流技术》2003 年第 5 期。

③ 息志芳等：《第三方物流顾客满意度的模糊综合评价分析》，《中南财经政法大学研究生学报》2006 年第 4 期。

④ J. L. Whyte, "The Freight Transport Market: Buy-Seller Relationships and Selection Criteria", *International Journal of Physical Distribution and Logistics Management*, Vol. 23, No. 3, 1983.

化需求等，为顾客带来额外的价值服务，同时不断提升企业形象和扩大企业物流服务的价值链。

在电子商务环境下，顾客希望通过网络零售平台能直接了解和选择物流服务商，并通过网络能查询、监督物流服务过程。因此，物流信息被加载到电子商务平台并提供从订单开始的整体供应链物流信息管理和执行的能力，即物流企业的信息化能力也是顾客满意度的重要影响因素。

当然，装载和运送是物流服务过程中最重要的服务要素（Bruning，Lynagh，1984），但顾客能接触和体会到物流服务过程并产生满意度，却与物流服务的中间封闭过程无关。因此，很多学者在研究物流服务的顾客满意度时并没有把装载和运送的过程作为重要因素来考虑，不过可以通过该过程的结果如货损货差、速度等指标得到反映。

第二节　评价指标体系的建立

一　指标体系建立的原则

支撑网络零售的物流服务顾客满意度的评价本身具有一定的模糊性，是一个复杂的过程。既涉及一些定性的因素，也包括定量的因素。因此指标体系的建立与评价应遵循：科学性原则，即指标体系的建立必须完整，系统各指标间应具有一定逻辑关系；代表性原则，即建立指标体系时应选择代表性强的指标；可行性原则，即指标体系建立应符合客观实际，数据应易于采集，便于操作；通用性原则，即顾客满意度指标体系的建立应具有广泛的适用性；预见性原则，即要求评价指标真正起到领先的警示信号和预防功能的作用。

二　指标体系

表 7 –1　　　支撑网络零售的物流服务顾客满意度评价指标

目标	一级	二级
支撑网络零售的物流服务顾客满意度	U_1 物流企业形象	U_{11} 品牌 U_{12} 信誉 U_{13} 物流网络覆盖程度 U_{14} 运输设备先进程度
	U_2 物流信息化能力	U_{21} 物流信息网络展示和咨询 U_{22} 物流信息自动处理能力 U_{23} 收、发、送达信息的电子处理能力 U_{24} 物流信息标准化
	U_3 物流费用	U_{31} 价格 U_{32} 保价率 U_{33} 赔偿倍数
	U_4 物流速度	U_{41} 对客户的订货快速响应 U_{42} 对客户的查询快速响应 U_{43} 运输计划改变时或运输延迟时，快速通知发货人、收货人 U_{44} 对客户的投诉快速做出反应 U_{45} 交货后，快速将签收单返回给发货人
	U_5 物流服务可靠性	U_{51} 装货前准确地通知发货人相关信息 U_{52} 准时发货，准时到达目的地 U_{53} 对在途货物全程跟踪的能力 U_{54} 在货物到达收货人前，准确地通知收货人货物到达时间 U_{55} 各项记录的准确性 U_{56} 货损货差率 U_{57} 服务质量的一致性、稳定性
	U_6 服务人员专业性	U_{61} 工作人员的专业知识水平 U_{62} 工作人员处理业务问题的能力 U_{63} 工作人员的友好性、礼貌性 U_{64} 工作人员主动帮助客户解决问题的意愿 U_{65} 物流公司销售代表与客户日常沟通的频率
	U_7 物流服务完整性	U_{71} 提供门到门服务的能力 U_{72} 提供个性化服务 U_{73} 对客户进行库存控制管理 U_{74} 提供仓储服务 U_{75} 提供包装服务 U_{76} 为客户提供物流咨询服务、培训服务 U_{77} 交货后，为收货人做延伸服务 U_{78} 辅助客户结算货款

注：资料来源于参考文献［130］［131］［132］［133］［134］以及笔者的研究结果。

第三节　模糊综合评价模型

一　确定评价因素集合

见表 7 - 1，评价因素集合 $L = \{U_1, U_2, U_3, U_4, U_5, U_6, U_7\}$，$U_1 = \{U_{11}, U_{12}, U_{13}, U_{14}\}$，$U_2 = \{U_{21}, U_{22}, U_{23}, U_{24}\}$，$U_3 = \{U_{31}, U_{32}, U_{33}\}$，$U_4 = \{U_{41}, U_{42}, U_{43}, U_{44}, U_{45}\}$，$U_5 = \{U_{51}, U_{52}, U_{53}, U_{54}, U_{55}, U_{56}, U_{57}\}$，$U_6 = \{U_{61}, U_{62}, U_{63}, U_{64}, U_{65}\}$，$U_7 = \{U_{71}, U_{72}, U_{73}, U_{74}, U_{75}, U_{76}, U_{77}, U_{78}\}$。

二　建立评价评语集合

综合考虑评价指标体系中定性定量因素的性质，设评价评语集 $V = \{$很满意，满意，比较满意，基本满意，不满意$\}$，相应的分值集为 $\{5, 4, 3, 2, 1\}$，最终结果对应的分数集为 $\{100, 85, 70, 55, 40\}$。评价时，对于定性因素，严格按照评价集的评语进行评价；但对于定量因素，为保证数据的精确性，则先通过调研给出其实际数值，再按照分值集转换成隶属度向量矩阵。

三　各个评价因素权重的确定

本文采用层次分析法（AHP）来确定指标的权重。层次分析法可以将复杂的问题层次化，是定性和定量相结合的分析方法。

首先，建立层次模型后，见表 7 - 1，由专家打分或采用德尔菲法确定判断矩阵中的各元素，以构造判断矩阵。

一级指标权重为：$A = \begin{bmatrix} a_1 & a_2 & \cdots & a_n \end{bmatrix}$

二级指标权重分别为：$A_i = \begin{bmatrix} A_{i1} & A_{i2} & \cdots & A_{im} \end{bmatrix}$，其中 A_i 表示第

i 个一级指标所属二级指标的权重向量，m 表示该指标下所属二级指标的个数。

四　模糊综合评价

对各指标确定评判等级标准，根据专家打分情况，采用模糊数学方法对各个评价指标进行定量估算，确定 U 对评语集 V 的评价决策矩阵 R_i 为：$R_{ij} = [r_{ij1}，r_{ij2}，r_{ij3}，\cdots，r_{ijn}]$，其中 i 为一级指标，j 指二级指标，n 为参加评价的人数。然后由各要素的权重系数向量 A_i 和 R_i 进行合成运算，得到基于单要素模糊综合评判结果 B_i，$B_i = A_i \cdot R_i$，可以得到多要素模糊综合评价决策矩阵：$R = [B_1，B_2，\cdots，B_n]^T$

最后再由 U 的一级指标权重系数向量 A 与综合评价决策矩阵 R 进行合成运算，即得出对评价对象的模糊综合评价结果：

$$B = A \cdot R = [a_1\ a_2\ \cdots\ a_n]\begin{bmatrix} B_1 \\ B_2 \\ \vdots \\ B_n \end{bmatrix}$$

第四节　基于淘宝网物流服务的顾客
满意度模糊综合评价

淘宝网在我国网络零售市场上占据着重要的位置，按照上述评价模型的需要，本章选择电子商务专业、在淘宝网上开店或购物的教师和研究生共 30 人作为调研对象（熟悉电子商务、物流并具有相当强的分析能力），其中在淘宝网上开店的 12 人，占 40%，在淘宝网上购买过商品的 30 人，人均购买 20 次以上。针对上述指标设计，销售或购买商品选择物流服务时，判断上述指标的权重，接受物流服务后给出各个指标的满意度。回收有效权重调查表 12 份，回收有效满意度调查表 30 份。

一 指标权重设定

对于支撑淘宝网物流服务的顾客满意度指标权重的评价，通过对上述 12 份权重指标调查进行统计确定各指标因素权重，分别得出第一层目标和第二层目标的权重向量如下：

$A = \begin{bmatrix} 0.16 & 0.14 & 0.14 & 0.17 & 0.18 & 0.12 & 0.09 \end{bmatrix}$

$A_1 = \begin{bmatrix} 0.21 & 0.32 & 0.27 & 0.20 \end{bmatrix}$

$A_2 = \begin{bmatrix} 0.24 & 0.22 & 0.30 & 0.24 \end{bmatrix}$

$A_3 = \begin{bmatrix} 0.30 & 0.41 & 0.29 \end{bmatrix}$

$A_4 = \begin{bmatrix} 0.20 & 0.21 & 0.21 & 0.22 & 0.16 \end{bmatrix}$

$A_5 = \begin{bmatrix} 0.14 & 0.17 & 0.14 & 0.14 & 0.13 & 0.14 & 0.14 \end{bmatrix}$

$A_6 = \begin{bmatrix} 0.19 & 0.22 & 0.23 & 0.21 & 0.15 \end{bmatrix}$

$A_7 = \begin{bmatrix} 0.17 & 0.22 & 0.13 & 0.09 & 0.09 & 0.12 & 0.09 & 0.09 \end{bmatrix}$

二 确定评价决策矩阵

对上述 30 份有效满意度问卷按照模型中的 5 级评价评语集进行整理，得出 U_i 的评价决策矩阵：

$$R_1 = \begin{bmatrix} 0.17 & 0.17 & 0.17 & 0.32 & 0.17 \\ 0.00 & 0.08 & 0.25 & 0.50 & 0.17 \\ 0.00 & 0.25 & 0.41 & 0.17 & 0.17 \\ 0.00 & 0.00 & 0.33 & 0.17 & 0.50 \end{bmatrix}$$

$$R_2 = \begin{bmatrix} 0.00 & 0.17 & 0.08 & 0.17 & 0.58 \\ 0.00 & 0.00 & 0.17 & 0.33 & 0.50 \\ 0.00 & 0.00 & 0.17 & 0.58 & 0.25 \\ 0.00 & 0.00 & 0.08 & 0.25 & 0.67 \end{bmatrix}$$

$$R_3 = \begin{bmatrix} 0.00 & 0.08 & 0.08 & 0.58 & 0.26 \\ 0.00 & 0.00 & 0.33 & 0.25 & 0.42 \\ 0.00 & 0.00 & 0.16 & 0.42 & 0.42 \end{bmatrix}$$

$$R_4 = \begin{bmatrix} 0.17 & 0.08 & 0.25 & 0.50 & 0.00 \\ 0.08 & 0.00 & 0.17 & 0.58 & 0.17 \\ 0.00 & 0.08 & 0.17 & 0.25 & 0.50 \\ 0.00 & 0.00 & 0.08 & 0.50 & 0.42 \\ 0.00 & 0.08 & 0.50 & 0.42 & 0.00 \end{bmatrix}$$

$$R_5 = \begin{bmatrix} 0.00 & 0.17 & 0.17 & 0.33 & 0.33 \\ 0.00 & 0.00 & 0.42 & 0.50 & 0.08 \\ 0.00 & 0.00 & 0.17 & 0.33 & 0.50 \\ 0.08 & 0.00 & 0.25 & 0.17 & 0.50 \\ 0.00 & 0.08 & 0.34 & 0.58 & 0.00 \\ 0.00 & 0.00 & 0.58 & 0.34 & 0.08 \\ 0.00 & 0.00 & 0.25 & 0.67 & 0.08 \end{bmatrix}$$

$$R_6 = \begin{bmatrix} 0.00 & 0.08 & 0.00 & 0.42 & 0.50 \\ 0.00 & 0.08 & 0.08 & 0.34 & 0.50 \\ 0.00 & 0.25 & 0.17 & 0.41 & 0.17 \\ 0.00 & 0.08 & 0.00 & 0.42 & 0.50 \\ 0.00 & 0.08 & 0.00 & 0.17 & 0.75 \end{bmatrix}$$

$$R_7 = \begin{bmatrix} 0.00 & 0.25 & 0.33 & 0.33 & 0.09 \\ 0.00 & 0.08 & 0.00 & 0.25 & 0.67 \\ 0.00 & 0.08 & 0.00 & 0.50 & 0.42 \\ 0.00 & 0.17 & 0.08 & 0.42 & 0.33 \\ 0.00 & 0.08 & 0.33 & 0.26 & 0.33 \\ 0.00 & 0.00 & 0.17 & 0.17 & 0.66 \\ 0.00 & 0.00 & 0.08 & 0.25 & 0.67 \\ 0.00 & 0.00 & 0.33 & 0.17 & 0.50 \end{bmatrix}$$

三　模糊综合评价

采用普通矩阵乘法，经过合成运算，得各子集 U_i（$i=1$，2，3，4，5，6，7）的综合评判结果：

$$B_1 = A_1 \cdot R_1 = \begin{bmatrix} 0.0357 & 0.1288 & 0.2924 & 0.3071 & 0.236 \end{bmatrix}$$

$$B_2 = A_2 \cdot R_2 = \begin{bmatrix} 0.00 & 0.0408 & 0.1268 & 0.3474 & 0.485 \end{bmatrix}$$

$$B_3 = A_3 \cdot R_3 = \begin{bmatrix} 0.00 & 0.024 & 0.2057 & 0.3983 & 0.372 \end{bmatrix}$$

$$B_4 = A_4 \cdot R_4 = \begin{bmatrix} 0.0508 & 0.0456 & 0.219 & 0.4515 & 0.2331 \end{bmatrix}$$

$$B_5 = A_5 \cdot R_5 = \begin{bmatrix} 0.0112 & 0.0342 & 0.3144 & 0.4180 & 0.2222 \end{bmatrix}$$

$$B_6 = A_6 \cdot R_6 = \begin{bmatrix} 0.00 & 0.1191 & 0.0567 & 0.3626 & 0.4616 \end{bmatrix}$$

$$B_7 = A_7 \cdot R_7 = \begin{bmatrix} 0.00 & 0.093 & 0.1503 & 0.2955 & 0.4612 \end{bmatrix}$$

U 的各子集综合评价决策矩阵为：

$$R = \begin{bmatrix} B_1 \\ B_2 \\ B_3 \\ B_4 \\ B_5 \\ B_6 \\ B_7 \end{bmatrix}$$

则 $B = A \cdot R = \begin{bmatrix} 0.016364 & 0.06625 & 0.207487 & 0.375636 & 0.334263 \end{bmatrix}$

四 评价结果

规定评判集 V 中各元素的量化值为 $V_1 = 100$，$V_2 = 85$，$V_3 = 70$，$V_4 = 55$，$V_5 = 40$。越接近 100 表示各项指标满意度越高，越接近 40，满意度越低。用公式 $P_i = B_i \cdot V_i T$ 计算得最终满意度评判结果，见表 7 - 2。

表 7 - 2 支撑淘宝网的物流服务顾客满意度评价结果

满意度指标	权重	很满意	满意	比较满意	基本满意	不满意	得分
物流企业形象	0.16	0.0357	0.1288	0.2924	0.3071	0.236	61.32
物流信息化能力	0.14	0.00	0.0408	0.1268	0.3474	0.485	50.85
物流费用	0.14	0.00	0.024	0.2057	0.3983	0.372	53.23

续表

满意度指标	权重	很满意	满意	比较满意	基本满意	不满意	得分
物流速度	0.17	0.0508	0.0456	0.219	0.4515	0.2331	58.44
物流服务可靠性	0.18	0.0112	0.0342	0.3144	0.4180	0.2222	57.91
服务人员专业性	0.12	0.00	0.1191	0.0567	0.3626	0.4616	52.50
物流服务完整性	0.09	0.00	0.093	0.1503	0.2955	0.4612	53.13
综合满意度	55.82						

第五节　本章小结

表 7-2 中数据显示：对支撑网络零售的物流服务顾客满意度进行考核的结果为 55.82 分，无论是总体顾客满意度，还是各分项指标的满意度，都比较低。可见网络零售的快速发展还要大力解决物流服务这个瓶颈问题。全面提升支撑网络零售的物流服务水平是物流产业升级的一项重要内容。

支撑网络零售的物流服务水平的提高应从关键要素入手。从网络零售中顾客对各指标的关注度（权重）看，顾客最关注物流速度和可靠性两个指标，而对这两个核心指标的满意度也较低，不到 60 分。应该从这两个方面努力提高服务水平：加强物流服务基础设施建设，大量应用 GPS、GIS、RFID 等信息化先进技术，提升企业参与供应链的程度，提高物流服务管理水平。而物流服务水平与物流服务人员直接相关，因此加强培训物流人员、提高员工素质也是支撑网络零售的物流领域的重要任务。当然服务水平的任何一方面的下降，都会导致满意度的下降。因此，对物流速度和可靠性的强调，并不意味着可以忽视其他要素，只是应把重点放在关键要素的发展上。

网络零售等电子商务活动对物流的需求水平，尤其是让物流直接参与电子商务的供应链管理的需求还不是很强，主要是由于存在信息保密、信用、安全、责任划分等方面的原因。而这是促进我国支撑电子商务的物流服务水平提高的外在因素。我国的电子商务对于全方位物流服务的需求还处于萌芽阶段，其对物流服务需求主要停留在运输层面，对物流增值服务、电子商务管理与物流供应链的连接程度、延伸服务需求不高，这也是物流服务在这方面的服务水平不高的重要原因，更是我国物流市场发育不成熟的表现。因此，我国电子商务物流市场的培育，不仅要注重提高供给方的服务水平，同时也要加强物流需求方管理水平的提高，物流供需双方在物流供应链实现无缝连接，以促进支撑电子商务的物流市场健康发展。

第八章　结论与展望

第一节　结论

电子商务下的竞争优势依据不同企业类型，其核心成员、资产组成、企业战略等的不同而不同，在已有理论的基础上，从电子商务下物流服务的角度对竞争优势进行了分析，基于电子商务的经济变革和竞争价值链的发展变换分析电子商务下物流服务的竞争优势，并通过运用结构方程模型，考察电子商务中物流服务质量的顾客满意度与消费者后续消费行为的关系，建立支撑网络零售的物流服务顾客满意度评价指标体系，对我国网络零售下的物流服务进行评价。据此提出电子商务下企业提高物流服务质量，增强企业竞争优势的对策建议。本章完成的主要工作和获得的主要研究结论归纳如下。

第一，基于电子商务条件下企业竞争价值链向价值网的发展与变化，在继承传统竞争优势理论的基础上，挖掘物流服务成本领先和差异化的杠杆作用，形成了基于物流服务的竞争优势理论框架。

第二，通过运用结构方程模型，考察了电子商务中物流服务质量的顾客满意度与消费者后续消费行为的关系，建立实证模型，分析物流服务质量带来的顾客满意是电子商务中作为竞争优势形成指标的顾客忠诚最重要的影响因素，物流服务的关键是物流交付的高质量，即准确、完好、快速地交付；网络消费对物流信息质量、网络沟通、物流人员素质也提出了更高的要求；另外，网络零售商和物流企业需要共同维护好物流企业形象并联合降低物流费用。

第三，建立了支撑网络零售的物流服务顾客满意度评价指标体系。

第四，采用层次分析法（AHP）和模糊评价方法，对我国网络零售下的物流服务进行评价。通过实证分析发现：我国现阶段网络零售下的物流服务顾客满意度总体不高，在物流速度、可靠性、企业形象、价格、信息化能力、人员素质、完整性方面还有较大的发展空间，同时这些方面也是影响顾客满意度的重要因素。

第二节　展望

本研究具有学术理论和实践的实际意义，但仍然具有以下局限。

一是在研究样本上，本次研究主要针对 B2C 零售行业收集数据，虽然各假设和模型都得到了较好的验证，但其普适性还需要进一步验证。

二是由于语言、文化等地域性因素的限制，中国多数网络使用者经常浏览的是中国的网站，也主要集中于中国的零售网站购物，所以结论只能代表中国网络零售市场的现状，能否推广到国外网络市场，还有待进一步考证。

三是模型中的一些研究变量的测量是笔者根据访谈的结果和相关文献生成的，虽然经过了样本的信度和效度检验，但仍需要继续对相关测量题项进行更周密的调查检验，即有待于进一步多方验证。

四是个体因素可能对消费者感知物流服务质量有影响，不同性别、年龄、教育水平、月收入和职业的消费者可能有着不同的信任感知，本研究暂且没有涉及这一内容，因此，有待完善。

五是网络调研对于学术研究越来越重要，已经成为国际上调研的一种趋势。但是，如果能够将传统的调研方式和网上调研结合起来，并给出比较结果，会更有说明力度。

针对上述研究局限，在未来的研究中，可以从以下两个方面进一步深化现有研究。

第一，加强不同文化背景下物流服务竞争优势的研究，本研究主要是在中国的文化背景下进行的，在以后的研究中可以在不同文化背景下，对电子商务下物流服务竞争优势进行比较研究，以进一步揭示电子商务下物流服务的影响因素和程度。

第二，扩大研究范围并细化到不同类型的电子商务形态，本次研究的数据采集和分析结论主要基于 B2C 环境，未来的研究可以扩大到不同电子商务形态下，探讨物流服务对于电子商务的影响。

参 考 文 献

［1］赛迪顾问：《2006—2014 年全球电子商务交易额及增长》（http：//www. ccidconsulting. com/service/channel/detail. asp？ Content_ id = 13654. 2014 – 09 – 19）。

［2］中国 B2B 研究中心：《2012 年全球网民超 19 亿 B2B 交易额近 13 万亿美元》，中国电子商务研究中心（http：//b2b. toocle. com/detail – 3419141. html）。

［3］艾瑞咨询集团：《2008—2009 年中国 B2B 电子商务行业发展报告简版》（http：//www. iresearch. com. cn /html/Consulting/B2B/Free_ id_ 1297. html. 2009 – 08 – 17）。

［4］中国 B2B 研究中心：《1997—2009 中国电子商务十二年调查报告》（http：//b2b. toocle. com/zt /1997/）。

［5］Day George, "The Capabilities of Market-Driven Organizations", *Journal of Marketing*, Vol. 58, No. 4, June 1994.

［6］Innis, Daniel and Bernard LaLonde, "Customer Service: The Key to Customer Satisfaction, Customer Loyalty and Market Share", *Journal of Business Logistics*, Vol. 15, No. 1, 1994.

［7］J. Stahl, Michael (ed.), *Perspectives in Total Quality*, Boston: Blackwell Publishers, 1999.

［8］［美］迈克尔·波特：《竞争战略》，陈丽芳译，中信出版社 2014 年版。

［9］Woodruff, Robert and Sarah F. Gardial, *Know Your Customer: New Approaches to Understanding Customer Value and Satisfac-*

tion，Cambridge，MA：Blackwell Business，1996.

　　［10］ Theodore P. Stank，Patricia J. Daugherty，Alexander E. Ellinger，*Pulling Customers Closer Through Logistics Service*，Business Horizons，1998.

　　［11］ Woods，Lamont，"The Myths and Realities of Customer Service"，*Electronic Business*，Vol 17，1991.

　　［12］ Day George and Robin Wensley，"Assessing Advantage：A Framework for Diagnosing Competitive Superiority"，*Journal of Marketing*，Vol. 52，No. 2，1988.

　　［13］ J. Bowersox Donald，John T. Mentzer and W. Thomas，"Speh，Logistics Leverage"，*Journal of Business Strategies*，Vol. 12（Spring），1995.

　　［14］ 郭涛：《电子商务安全支付系统综述》，《计算机应用研究》2003 年第 1 期。

　　［15］ 汪勇、熊前兴：《电子商务技术发展综述》，《武汉科技大学学报》2005 年第 12 期。

　　［16］ 祁明：《电子商务实用教程》，高等教育出版社 2000 年版。

　　［17］ 王小宁等：《信任影响因素对消费者网络购物行为的影响：学生与职员的视角》，《消费经济》2009 年第 12 期。

　　［18］ 金镇、张继兰：《电子商务信用体系研究》，《情报杂志》2005 年第 12 期。

　　［19］ 李靖、易建湘：《电子商务在中国》，中国经济出版社 2001 年版。

　　［20］ 杨聚平、杨长春、姚宣霞：《电商物流中"最后一公里"问题研究》，《商业经济与管理》2014 年第 4 期。

　　［21］ 饶绍伦：《电子商务物流体系优化研究》，《物流技术》2014 年第 1 期。

　　［22］ R. Kalakota and Andrew B. Whinston，*Electronic Com-*

merce：*A Manager's Guide*，Addison Wesley Longman，Inc. 1997.

［23］R. Kalakota，M. Robinson，"e-Business 2. 0：Roadmap for Success"，*Addison-Wesley*，2001.

［24］刘瑛：《浅析电子商务消费心理》，《科技创新与应用》2013 年第 11 期。

［25］P. Weill and M. Vitale，"From Place to Space：Migrating 10 Atomic e-Business Models"，*Harvard Business School Press*，Vol. 12，2001.

［26］［美］劳顿、特瑞佛：《电子商务：商业、技术和社会》，劳帼龄译，高等教育出版社 2004 年版。

［27］李琪：《中国电子商务》，西南财经大学出版社 1997 年版。

［28］［澳］戈登·鲍易斯等：《现代商务发展史》，王惠译，中国社会科学出版社 2004 年版。

［29］方美琪：《电子商务概论》，清华大学出版社 2014 年版。

［30］宋玲：《电子商务——21 世纪的机遇与挑战》，电子工业出版社 2000 年版。

［31］J. B. Barney，"Firm Resource and Sustained Competitive Advantage." *Joumal of Management*，Vol. 42，2003.

［32］韩超群：《第三方物流服务的顾客满意度研究——基于电子商务情景》，《技术经济与管理研究》2014 年第 7 期。

［33］胡萍：《B2C 网络购物中物流服务顾客满意度影响因素研究》，《合肥工业大学学报》（社会科学版）2014 年第 2 期。

［34］D. Besanko，D. Dranove，et al.，*Economics of Strategy*，New York，NY：John Wiley & Sons，2000.

［35］S. G. Bharadwaj，P. R. Varadarajan and J. Fahy，"Sustainable Competitive Advantage Inservice Industries：Aconceptual Model and Research Propositions"，*Journal of Marketing*，Vol.

57，2000.

　　［36］赵晶、朱镇：《企业电子商务战略实施关键因素实证分析》,《清华大学学报》（自然科学版）2006 年第 12 期。

　　［37］N. P. Hoffman，"An Examination of the Sustainable Competitive Advantage Concept：Past，Present，and Future"，http：// www. amsreview. org/articles/hoffman，Vol. 4，2000.

　　［38］William D. Perreault and A. Frederick，"Russ. Physical Distribution Service：A Neglected Aspect of Marketing Management"，*MSU Business Topics*，Vol. 22，1974.

　　［39］Kenneth B. Ackerman，"Debuzzing 'Value-Added'"，*Transportation & Distribution*，Vol. 32，1991.

　　［40］Lalonde，J. Bernard and Paul H. Zinszer，*Customer Service：Meaning and Measurement*，Chicago：National Council of Physical Distribution Management，1976.

　　［41］Rakowski，P. James，"The Customer Service Concept"，*Review of Business and Economic Research*，Vol. 17，1982.

　　［42］J. T. Mentzer，R. Gomes and R. E. Krapfel，"Physical Distribution Service：A Fundamental Marketing Concept"，*Journal of the Academy of Marketing Science*，Vol. 17，1989.

　　［43］John T. Mentzer，Daniel J. Flint，G. Tomas M. Hult，"Logistics Service Quality as a Segment-customized Process"，*Journal of Marketing*，2001.

　　［44］《物流服务的本质和特征》，2009 年 1 月，华人物流网（http：//edu. wuliu800. com /2009 /0105/2771. html）。

　　［45］A. Parasuraman，V. A. Zeithaml，L . L . Berry，"Servqual：A Multiple-Item Scale for Measuring Consumer Perceptions of Service Quality"，*Journal of Retailing*，Vol. 64，1988.

　　［46］T. J. Brown，G. A. Churchill，"Paul P. J. Research Note：Improving the Measurement of Service Quality"，*Journal of*

Retailing, Vol. 69, No. 1, 1993.

［47］ Mishra, D. Prasad, Singh, et al., "An Empirical Investigation of Two Models of Patient Satisfaction", *Journal of Ambulatory Care Marketing*, Vol. 4, 1991.

［48］ D. W. Finn, C. W. Lamb, An Evaluation of the Servqual Scales in a Retailing Setting, R. H. Holman, M. R. Solomon, Advances in Consumer Research. Provo, UT: Association for Consumer Research, 1991.

［49］ D. M. Lambert, J. R. Stock, J. U. Sterling, A Gap Analysis of Buyer and Seller Percep-tions of the Importance of Marketing Mix Attributes, AMA Educators' Proceedings. Chicago, IL: American Marketing Association, 1990.

［50］ H. C. Lovclock, "Classifying Services to Gain Strategic Marketing Insights", *Journal of Marketing*, Vol. 47, 1983.

［51］ C. Gronroos, "A Service Quality Model and Its Marketing Implications", *European Journal of Marketing*, Vol. 18, 1984.

［52］ A. Parasuraman, V. A. Zeithaml, L. L. Berry, "A Conceptual Model of Service Quality and Its Implications for Future Research", *Journal of Marketing*, Vol. 49, 1985.

［53］ C. C. Bienstock, T. J. Mentzer, M. M. Bird, "Measuring Physical Distribution Service Quality", *Journal of the Academy Marketing Science*, Vol. 25, 1997.

［54］ John T. Mentzer, Daniel J. Flint, G. Tomas M. Hult, "Logistics Service Quality as a Segment-customized Process", *Journal of Marketing*, 2001.

［55］ R. N. Bolton, M. B. Myers, "Price-Based Global Market Segmentation for Services", *Journal of Marketing*, Vol. 67, 2003.

［56］ 郑兵:《中国本土物流服务质量测评指标创建及其实证检验》,《管理评论》2007 年第 4 期。

［57］［苏］斯大林：《斯大林文选（1934—1952）》，刘乐华编译，人民出版社1962年版。

［58］中共中央马克思恩格斯列宁斯大林著作编译局：《马克思恩格斯选集（第2卷)》，人民出版社2013年版。

［59］乌家培：《信息与经济》，清华大学出版社1993年版。

［60］世界银行：《知识与发展》，中国财政经济出版社1999年版。

［61］李琪：《电子商务概论》，高等教育出版社2009年版。

［62］中国B2B研究中心：《2009年电子商务的未来预测与研究》（http：//info. biz. hc360. com/ 2009/02/13082983367. shtml）。

［63］陈柳钦：《产业融合问题研究》，《南都学刊》（人文社会科学学报）2007年第6期。

［64］吴颖：《产业融合问题的理论研究动态》，《产业经济研究》（双月刊）2004年第4期。

［65］胡汉辉，邢华：《产业融合理论及其对我国发展信息产业的启示》，《中国工业经济》2003年第2期。

［66］余东华：《产业融合与产业组织结构优化》，《天津社会科学》2005年第3期。

［67］《创业板降低IPO门槛 互联网企业国内上市热情点燃》，2008年2月，中国证券报（http：//www. globalipo. cn/news/ReadNews. asp？NewsID = 19334）。

［68］中国B2B研究中心：《工业化与信息化融合提速 电子商务正生逢其时》，（http：//industry. ccidnet. com/art/1544/20080520/1452423_ 1. html）。

［69］洪黎明：《电子商务与传统产业深度融合》，《人民邮电报》2009年6月3日第5版。

［70］梁春晓：《电子商务条件下企业如何变革》，《经理人》2002 年第 10 期。

［71］R. H. Coase，"The Nature of the Firm"，*Economica*，No. 1937.

［72］张五常：《经济组织与交易成本. 经济解释》，商务印书馆 2001 年版。

［73］易法敏：《电子商务与企业竞争优势》，《南开管理评论》2002 年第 4 期。

［74］窦廷银、郭德明：《信息技术对企业竞争优势的影响》，《当代经济》2007 年第 8 期（下）。

［75］吴海平、宣国良：《价值网络的本质及其竞争优势》《经济管理》2002 年第 24 期。

［76］Majoman：《电子商务给企业带来的影响和创新》（http：//www. ucan100. com/ course/d/1036. shtml #sql）。

［77］J. Shank，V. Gowindarajan，"Strategic Cost Management：the Value Chain Perspective"，*Journal of Management Accounting Research*，1992.

［78］J. F. Rayport，J. J. Sviokla，"Exploiting the Virtual Value Chain"，*Harvard Business Review*，1995.

［79］C. C. Lee，J. Yang，"Knowledge Value Chain"，*Journal of Management Development*，2000.

［80］Y. L. Chen，T. C. Yang，Z. S. Lin：《A Study on the Modelling of Knowledge Value Chain，Society of Petroleum Engineers Inc》（http：// www. spe. org/jpt，2004 – 11 – 03）。

［81］C. Eustace，"A New Perspective on the Knowledge Value Chain"，*Journal of Intellectual Capital*，2003.

［82］殷梅英等：《基于价值链和知识管理的分销绩效改进》，《东北大学学报》（社会科学版）2003 年第 5 期。

［83］夏火松：《企业知识价值链与知识价值链管理》，《情

报杂志》2003 年第 7 期。

　　［84］江积海：《企业知识传导的价值链研究》，《情报科学》2005 年第 12 期。

　　［85］菲利普·C.哈斯佩斯拉格等：《共生性收购中的价值创造》，《战略协同》，机械工业出版社 2000 年版。

　　［86］ G. Hamel and C. K. Prahalad, *Competing for Future*, Free Press, 1996.

　　［87］ S. Ghoshal, et al., "A New Manifestofor Management", *Sloan Management Review*, Spring, 1999.

　　［88］汪应洛等：《柔性战略——战略管理的前沿》，《管理科学学报》1998 年第 1 期。

　　［89］ Susan L. Golicic, Donna F. Davis, Teresa M. McCarthy, et al., "The Impact of E-commerce on Supply Chain Relationships", *International Journal of Physical Distribution & Logistics Management*, Bradford：2002. Vol. 32, Iss. 9/10; pg. 851, 21.

　　［90］黄毅等：《浅论基于价值网模型的第四方电子商务模式创新》，《经理日报》2008 年 4 月 16 日第 B02 版。

　　［91］ David Bovet and Joseph Martha, "Value Nets：Reinventing the Rusty Supply Chain for Competitive Advantage", *Strategy & Leadership*, Chicago：Jul/Aug Vol. 28, 2000.

　　［92］李垣等：《基于价值创造的价值网络管理：特点与形成》，《管理工程学报》2001 年第 4 期。

　　［93］ Douglas M. Lamnbert, L. Terranee, "Pohlen, Suply Chain Metries", *Interational Journal of Logistes Management*, Vol. 12, 2001.

　　［94］闫秀敏：《略论现代企业的柔性生产管理》，《内蒙古科技与经济》2004 年第 14 期。

　　［95］吴忠等：《电子商务中的物流配送瓶颈及其解决方案》，《商业研究》2004 年第 22 期。

［96］范月娇:《电子商务发展的物流瓶颈问题分析》,《商业时代》2004 年第 17 期。

［97］吴新宇等:《物流:电子商务的基石》,《中国软科学》2000 年第 11 期。

［98］Day, George, "The Capabilities of Market-Driven Organizations", *Journal of Marketing*, No. 4, 1994.

［99］Baker, Michael, *Dictionary of Marketing and Advertising*, 2nd Edition, New York: Nichols Publishing, 1990.

［100］Bowersox, J. Donald and David J. Closs, *Logistical Management*, 3rd Edition, New York: McGraw-Hill, 1996.

［101］Ellram, M. Lisa and Martha C. Cooper, "Supply Chain Management, Partnerships, and the Shipper-Third Party Relationship", *The International Journal of Logistics Management*, Vol. 1, No. 2, 1990.

［102］Ellram, M. Lisa and Martha C. Cooper, "A Managerial Guideline for the Development and Implementation of Purchasing Partnerships", *International Journal of Purchasing and Materials Management*, Vol. 27, No. 3, 1991.

［103］Bowersox, J. Donald, "The Strategic Benefits of Logistics Alliances", *Harvard Business Review*, Vol. 68, No. 4, 1990.

［104］陈文玲:《中国物流产业发展前景与政策建议》,《物流技术与应用》2001 年第 4 期。

［105］曾祥云:《论现代企业物流与企业竞争优势》,《价值工程》2003 年第 3 期。

［106］邵晓峰等:《电子商务与电子商务物流》,《商业经济与管理》2000 年第 5 期。

［107］颜月霞等:《物流与企业竞争优势探析》,《石家庄铁道学院学报》2006 年第 2 期。

［108］周行:《海尔现代物流同步模式提升企业核心竞争

力》,《物流技术与应用》2002 年第 1 期。

［109］［日］门田安弘:《新丰田生产方式》,王瑞珠译,河北大学出版社 2001 年版。

［110］陈翠文:《领导供应链价值网:零售商提升竞争优势的重要途径》,《经济论坛》2006 年第 20 期。

［111］高丹:《B to C 电子商务顾客满意度的评价指标浅析》,《电子商务》2004 年第 6 期。

［112］林小瑞:《第三方物流服务质量与顾客对网店忠诚度的关系研究》,硕士学位论文,中北大学,2012 年。

［113］汪纯孝等:《顾客满意感与忠诚感关系的实证研究》,《南开管理评论》2003 年第 20 期。

［114］尹立新:《差异化战略在企业物流服务中的运用》,《黑龙江对外经贸》2005 年第 8 期。

［115］R. L. Oliver, "A Cognitive Model of the Antecedents and Consequences of Satisfaction Decisions", *Journal of Marketing Research*, Vol. 17, No. 4, 1980.

［116］Daniel J. Flint, John T. Mentzer, "Logiticians as marketers: Their role when customers' desired value changes", *Journal of Business Logistics*, 2000.

［117］Daniel J. Flint, Everth Larsson, John T. Mentzer, "Logistics Innovation: A Customer Value-oriented Social Process", *Journal of Business Logistics*, Vol. 26, No. 1, 2005.

［118］竹剑:《顾客价值》(http://www.emkt.com.cn, 2002205210)。

［119］彭新武:《竞争优势:流变与反思》,《中国人民大学学报》2008 年第 5 期。

［120］王洪远:《提高顾客满意度,赢得竞争优势》(http://www.emkt.com.cn/article/77/7718.html)。

［121］K. B. Aekerman, "Pitfallsin Logisties Partnerships",

International Journal of Physieal Distribution & Logisties Management, 1996.

［122］P. J. Daugherty, T. P. Stank, A. E. Ellinger, "Leveraging Logisties Diseagabilities: The Effect of Logistics Service on Market Share", *Journal of Business Logisties*, Vol. 19, No. 2, 1998.

［123］D. E. Innis, L. Londe, "Customer Serviee: The Key to Customer Satisfaetion, Customer Loyalty, and Market Share", *Journal of Business Logisties*, No. 1, 1994.

［124］J. T. Mentzer, L. R. Williams, "The Role of Logisties Leverage in Marketing Strategy", *Journal of Marketing*, Vol. 8, 2001.

［125］徐翼等:《B2B 下的客户服务与关系质量实证研究》,《管理科学》2007 年第 20 期。

［126］E. Garbarino, M. Johnson, "The Different Roles of Satisfaction, Trust, and Commitment in Customer Relationships", *Journal of Marketing*, Vol. 63, No. 4, 1999.

［127］J. T. Mentzer, D. J. Flint, J. L. Kent, "Logistics Service Quality as a Segment-Customized Proeess", *Journal of Marketing*, Vol. 65, No. 4, 2001.

［128］张仙锋:《消费者在 C2C 交易中的信任模型与数据检验》,《统计与信息论坛》2008 年第 3 期。

［129］朱骏等:《第三方物流服务的顾客满意度研究》,《物流技术》2003 年第 5 期。

［130］M. A. McGinnis, "Sefmenting Freight Markets", *Transportation Journal*, Vol. 18, No. 1, 1978.

［131］F. F. Reieheld, W. E. Sasser, "Zero Defeetions: Quality Comes to Services", *Harvard Business Review*, Vol. 68, No. 5, 1990.

［132］F. D. Davis, R. P. Bagozzi, P. R. Warshaw, "User acceptance of computer technology: a eomparison of two theoretical models", *Management Science*, Vol. 35, No. 8, 1989.

　　［133］王玲等:《中国第三方物流企业顾客满意度测评指标体系实证研究》,《经济管理·新管理》2005 年第 16 期。

　　［134］R. E. Jerman, R. D. Anderson and J. A. Constantin, "Shipper Versus Carrier Perceptions of Carrier Selection Variables", *International Journal of Physical Distribution and Materials Management*, Vol. 9, No. 1, 1979.

　　［135］息志芳等:《第三方物流顾客满意度的模糊综合评价分析》,《中南财经政法大学研究生学报》2006 年第 4 期。

　　［136］J. L. Whyte, "The Freight Transport Market: Buy-Seller Relationships and Selection Criteria", *International Journal of Physical Distribution and Logistics Management*, Vol. 23, No. 3, 1983.